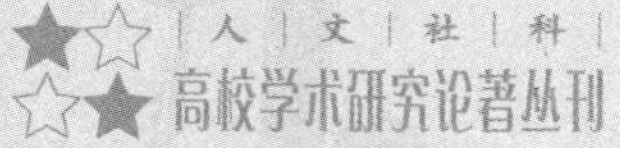

青少年健康与生命教育探究

许天委 著

中国书籍出版社
China Book Press

图书在版编目 (CIP) 数据

青少年健康与生命教育探究 / 许天委著 . -- 北京 : 中国书籍出版社 , 2021.7

ISBN 978-7-5068-8612-3

Ⅰ . ①青… Ⅱ . ①许… Ⅲ . ①青少年 - 心理健康 - 健康教育 - 研究②生命哲学 - 青少年教育 - 研究 Ⅳ . ① G444 ② B083

中国版本图书馆 CIP 数据核字（2021）第 155570 号

青少年健康与生命教育探究

许天委 著

丛书策划 谭 鹏 武 斌
责任编辑 周 鑫 成晓春
责任印制 孙马飞 马 芝
封面设计 东方美迪
出版发行 中国书籍出版社
地 址 北京市丰台区三路居路 97 号 (邮编：100073)
电 话 （010）52257143（总编室） （010）52257140（发行部）
电子邮箱 eo@chinabp.com.cn
经 销 全国新华书店
印 厂 三河市德贤弘印务有限公司
开 本 710 毫米 × 1000 毫米 1/16
字 数 152 千字
印 张 11.75
版 次 2022 年 7 月第 1 版
印 次 2022 年 7 月第 1 次印刷
书 号 ISBN 978-7-5068-8612-3
定 价 70.00 元

目 录

第一章 青少年健康与生命教育的科学理论基础…………………………… 1

第一节 生理学基础…………………………………………………………… 1

第二节 心理学基础…………………………………………………………… 3

第三节 教育学基础…………………………………………………………… 6

第四节 政治学基础…………………………………………………………… 6

第五节 社会学基础…………………………………………………………… 7

第二章 青少年健康状况及健康行为透视……………………………… 10

第一节 青少年健康现状分析…………………………………………… 10

第二节 青少年健康标准………………………………………………… 17

第三节 青少年健康行为与干预………………………………………… 22

第三章 青少年健康教育的内容体系…………………………………… 41

第一节 青少年的生理健康教育………………………………………… 41

第二节 青少年的心理健康教育………………………………………… 52

第三节 青少年的行为健康教育………………………………………… 64

第四节 青少年的饮食健康教育………………………………………… 76

第五节 青少年的运动健康教育………………………………………… 81

第四章 青少年健康管理探究…………………………………………… 87

第一节 青少年健康管理的认识………………………………………… 87

第二节 青少年健康管理的理论基础…………………………………… 88

第三节 青少年健康管理的实施与策略………………………………… 90

第五章 青少年生命教育认识与解读…………………………………… 96

第一节 生命教育概述…………………………………………………… 97

第二节 生命教育的起源与发展………………………………………… 105

第三节 生命教育的目标与原则………………………………………… 116

第四节 青少年生命教育的意义…………………………………… 118

第六章 青少年生命教育的内容体系……………………………… 120

第一节 青少年生命意识教育……………………………………… 120

第二节 青少年生存与死亡教育…………………………………… 127

第三节 青少年挫折教育…………………………………………… 141

第四节 青少年应对突发事件教育………………………………… 145

第七章 青少年生命教育课程与环境建设………………………… 148

第一节 青少年生命教育课程的建设……………………………… 148

第二节 青少年生命教育师资的培养……………………………… 153

第三节 青少年生命教育环境的构建……………………………… 159

第八章 青少年生命教育的实践操作探究………………………… 167

第一节 青少年生命教育的实践资源……………………………… 167

第二节 利用民间民俗资源开展生命教育………………………… 174

参考文献……………………………………………………………… 179

第一章　青少年健康与生命教育的科学理论基础

青少年健康与生命教育研究领域非常广泛，涉及生理学、心理学、教育学、政治学、社会学等诸多领域，并且各学科之间相互渗透、相互补充，它们为青少年健康与生命教育的研究奠定了一定的理论基础。

第一节　生理学基础

生物发生论观点的基本含义是，青少年心理发展的实质是生物成熟的自然结果。美国心理学家、青少年心理学之父霍尔著有世界上第一部，也是最有影响的一部青少年心理学书籍《青年期》（1904）。该书从多方面对青少年期个体的种种现象进行研究和揭示，因而附以涉及广泛内容的副标题：它的心理学及其与生理学、人类学、社会学、性、犯罪、宗教和教育的关系。

他运用达尔文的进化论思想，构建自己庞大的理论体系，提出个体发展是复演物种进化过程的复演论（Theory of Psychologial Reapitulation）。他认为，个体出生前（胎儿）的生理发展复演了动物进化的过程，如胎儿在一个阶段是腮裂的，就是重复鱼类阶段；个体出生后的心理发展复演了人类进化的过程，如婴儿阶段相应于动物时期，儿童阶段相应于类人猿时期，少年阶段相应于人类未开化时期（几千年前农业生活时期），青年阶段相应于人类开化时期(两千年前人类历史所处的时期)。由于人类进化到这一时期,是充满暴风骤雨、富有浪漫主义色彩的,因此,青年期也是个体充满各种冲突和骚乱的时期。

个体经过青年期的动荡,才最终复演成人类文明社会的一员。此后,美国另一位心理学家格塞尔(Gesell,1880—1961)运用18世纪胚胎学的研究成果,并在自己观察研究的基础上提出了成熟论(Theory of Maturation)。他认为,成熟是个体通过基因指导发展过程的机制。虽然发展也需要个体在出生前的内环境(胚内环境)和出生后的外环境的作用,但并不导致发展的根本变化,而按特殊的顺序展开遗传潜能的成熟过程,才是支配个体成长和心理发展各个方面的决定因素。例如,"(儿童的)神经系统是按阶段和自然的程序成熟的。坐先于站;喃喃自语先于说话;先说真话,后说假话;先画圆圈,后画方形;先利己然后利他;先依靠别人然后依靠自己。所有的能力,包括道德都受成长规律支配"(转引自格莱因,1983)。他也正是用这一观点来看待青少年心理发展的实质,并把它视为个体走向成熟的一个过渡状态。由于个体在这一时期机体迅速发育,性机能也随之成熟,从而引起心理上的一系列变化,其中11—16岁是心理发展最关键的阶段。

德国心理学家泽勒(Celler)受克雷奇默(Kretschmer)人格体质类型论的影响,提出个体心理功能的发展变化与其身体的生长发育密切相关的观点。他认为,在个体心理发展的每一阶段,都有一个独特的体质格式塔与之相对应。所谓体质格式塔(Body Gestalt)是指身体的整个结构和成分。虽然身体生长和发育往往在某些部分(器官或功能上)特别明显,但他强调的仍是身体整体上的变化。他也用这一观点分析青少年心理发展。例如,他认为早期青年之所以主观冲动、紧张和持批判性态度,其实是体质格式塔的不协调性增加所致,而这种不协调性又是由个体进入青少年期身体结构的变化和激素突增造成的。他的这种观点被称为体质格式塔论(Theory of Body Gestalt),这是德国心理学家对青少年心理发展实质的一个主要的生物学观点之一。[①]

第二节　心理学基础

个体心理的各方面在青少年期都获得了很大的发展，并表现出一系列的特点，构成青少年心理发展的独特风貌。青少年期的个体心理为何出现这一特点呢？青少年心理发展的实质何在呢？

心理健康教育是高校开展生命教育的一项基础工作。对于全体青少年而言，心理健康教育既非一门专业性或学术性课程，要把青少年引向心理学科学研究的殿堂，也不是一门纯知识性或应试性课程，要向青少年传授一般的心理健康常识，而是一门以塑造人的心灵为目的的课程。

生命教育与心理健康教育关系密切，但在教育内容上各有侧重，可以相互补充。生命教育侧重于思想层面，心理健康教育则侧重于心理层面。伴随着国内改革开放的进一步深入，青少年在校学习期间已经面临着环境适应、学习适应、人际交往、性与爱、理想与现实、国内与国外、学习与生活、学习与就业、学校与社会等诸多方面的心理压力与冲突问题。这些问题如果处理不当，就会给青少年的心理健康带来不良影响，甚至导致心理障碍和心理疾病，轻则会影响青少年正常的学习与生活，重则会使青少年产生弃学、轻生、犯罪或自杀等严重问题。心理健康教育在其教育过程中获得的成果对生命教育具有参考价值。

这里介绍一种心理发生论，其观点并不否认生物和社会因素在青少年心理发展中的作用，但更着重从心理内部寻求发展的规律，并强调青少年心理发展的某一方面，作为青少年期心理发展的实质。

奥地利精神病医生、精神分析派创始人弗洛伊德从性欲

① 卢家楣．青少年心理与辅导——理论和实践[M].上海：上海教育出版社，2011.

角度来看待个体的心理发展，提出心理性欲发展论（Theory of Psychosexual Development）。当然，他关于性的含义极为广泛，不仅包括两性关系，而且包括使身体直接或间接产生快感的一切事物，而驱使人去寻求快感的潜能就是力比多（Libido），它属于本能性的心理能量。他认为个体心理发展是力比多集中点在身体不同区域变动的结果，并由此把心理发展分为与力比多集中点相对应的几个阶段：口唇阶段（0—1.5岁）、肛门阶段（1.5—3岁）、性器阶段（3—6岁）、潜伏阶段（6—12岁）和生殖阶段（12—18岁）。他认为，青少年期是个性发展的最后阶段，在这一阶段满足力比多冲动的基本模式是正当的性行为，如不行就以社会所能接受的形式发泄至别的活动中，发挥升华这一防御机制的作用。青少年期个体之所以体验到心理冲突，主要归结于不能正确解决力比多冲动。

此后，弗洛伊德的小女儿精神分析派成员安娜·弗洛伊德（Anna Freud）进一步指出，青少年期是力比多大大增强的时期。力比多往往引起性心理冲突而导致两个极端后果：一是使青少年生活具有冲动性特点，挫折的耐受力降低，不断要求欲望满足；二是与之相反，压抑力比多的任何合理性，采取禁欲主义和理智化态度，但青少年期的威胁主要是前者而不是后者。

埃里克森是新精神分析派成员，他抛弃了弗洛伊德的以力比多为核心的泛性论，而是抓住个体发展过程中每一阶段中带有特征性的矛盾冲突来揭示心理发展的规律，提出心理社会发展论（Theory of Psychosocial Development）。他认为青少年期是极为重要的阶段，对人生前后各阶段起着枢纽作用。在这一阶段，青少年面临的是同一性与同一性混乱的矛盾。所谓同一性（Identity）是指一个人对自己的认识、信仰和人生意义等存在一种过去、现在和将来之间的内在一致的连续感。如果家庭、学校和社会提供的经验不能使青少年发展他们明确而一致的自我意识、社会意识，就会引起同一性混乱，如角色混乱（不能整合自己承担的各种角色）、性别混乱（产生种种变态性心理）、时间混乱

（缺乏时间观念、拖拉或急躁）、权威混乱（乱反领导或盲目服从）、观念混乱（不能在文化、哲学方面找到真实的意义）等。其中，角色混乱是青少年最易出现的状况。[①]

瑞士心理学家皮亚杰把认知发展作为个体心理发展的主线加以研究，并提出认识发生论（Genetic Epistemology）。他认为个体心理发展不是由内部成熟或外部环境支配的，而是在成熟的基础上、个体与环境的相互作用中积极构建的过程。为阐明其发展的机理，他运用四个相互联系的概念：图式——个体内部的心理结构或行为结构；同化——把环境中的现实材料吸收到图式中去以丰富和发展图式；顺应——改变图式以适应环境变化；平衡——通过同化和顺应达到内部图式与外部环境的吻合。因此，个体心理发展的过程其实就是原有的图式在环境影响下，通过同化，顺应不断实现平衡—不平衡—重建平衡的过程。在此基础上，他把个体的认知发展分为四个阶段：感觉运算阶段（0—2 岁）、前运算阶段（2—7 岁）、具体运算阶段（7—12 岁）和形式运算阶段（12 岁以上）。他认为青少年期正处于认知发展的第四个阶段。在这之前，在具体运算阶段，个体虽然发展了逻辑思维能力，但离不开具体或形象材料的支持。而到形式运算阶段，则能摆脱这种局限，进行抽象思维、假设推理，能操纵多种变量进行思维活动，这就使青少年能以新的思维方式来重新认识世界，这不仅对青少年知识信息的掌握、道德观念的发展有着直接的影响，而且还使青少年跳出关注自身发展的狭小圈子，放眼人生、政治、社会方面的重大问题，并常对传统习俗提出挑战。在皮亚杰看来，青少年心理发展的实质就是认知方式进入一个崭新的阶段——形式运算阶段。[②]

① 卢家楣．青少年心理与辅导[M]．上海：上海教育出版社，1999.
② 卢家楣．青少年心理与辅导——理论和实践（第 3 版）[M]．上海：上海教育出版社，2016.

第三节　教育学基础

教育学是研究教育现象、教育问题，揭示教育规律的科学。教育是广泛存在于人类生活中的社会现象，是有目的地培养社会人的活动。为了有效地进行教育活动，必须对德育、智育、体育、美育等进行研究。

教育学是整个教育科学体系中的基础学科，它所揭示的教育的一般规律以及教育的性质、目的、原则、方法等，对教育科学体系中的其他学科都有指导作用。青少年健康与生命教育是社会和学校教育的一个组成部分，它当然也要遵循教育学所揭示的教育的基本原理和方法。

借助教育学原理和方法的目的在于研究青少年健康与生命教育的规律。另外，对青少年健康与生命教育的研究可以充实和丰富教育学的科学体系和内容。

第四节　政治学基础

政治学是研究政治关系及其发展规律的科学。青少年健康与生命教育工作者虽然不专门研究政治思想、政治关系和政治生活准则产生和发展的规律，但需要懂得政治学的一般理论，需要研究青少年的政治修养、政治教育，研究怎样通过生命教育使青少年的行为符合我国政治思想的要求。

青少年健康与生命教育的任务和内容要适合我国的政治思想、政治关系的需要。政治学是青少年健康与生命教育确定教育任务和内容的重要依据。政治学研究的科学成果和结论，对于青少年健康与生命教育工作者帮助青少年认识政治现象、掌握政治规律、树立坚定正确的政治方向，起着重要的指导作用。

第五节　社会学基础

社会学是从社会整体出发，通过社会关系和社会行为来研究社会的结构、功能、发生、发展规律的综合性学科。

社会学研究的领域相当广泛，涉及社会生活的方方面面。其中很多方面的研究成果，如人的社会化（包括人的政治社会化、道德社会化、法律社会化等）、人际交往和人际关系、正式群体和非正式群体、社区化、社会控制、人的现代化以及青少年问题、家庭问题、人口问题、就业问题、犯罪问题等方面的研究成果，都能为青少年健康与生命教育者所借鉴和应用。青少年健康与生命教育的许多内容，如对青少年的身体健康教育、心理健康教育、历史使命教育、人生理想教育、爱国主义教育、政治教育、道德教育、法纪教育、人生价值教育、人生和谐教育等，都可以借鉴和利用社会学的有关理论。此外，社会学研究的基本方法，如社会调查法，也对青少年健康与生命教育工作者了解和研究青少年，指导青少年的社会实践活动有重要的价值。青少年健康与生命教育工作者借助社会学的理论和方法，就能更好地分析青少年的思想现象，探索青少年健康与生命教育的规律，以实现青少年健康与生命教育的目的。

同样地，这里介绍一种社会发生论论观点。其基本含义是，青少年期心理发展的实质是社会因素作用的结果。德国心理学家勒温受物理学中的场概念和心理学中的格式塔理论的直接影响，提出独特的心理发展观——心理场论。他指出，人的行为是在心理生活空间（Psychological Life Space）——心理场中发生的，这个场包括人和环境两个系统。这里的人包含由心理、生理形成的各种特性，实为个性，可分成两类：与环境直接接触的知觉运动类；与环境非直接接触的由思想、愿望等组成的个体内部类。这里的环境不是真实环境的原貌，而是被主体感受的甚至想象到的东西,实为心理环境。它又可分成接近环境、障碍环境和背景环境三类。接近环境对人有引力作用,障碍环境对人有斥力作用。人的行为正是由个性与心理环境相互作用形成的各种引力、斥力和合力所决定。他认为,个体心理发展取决于心理场的变化:一是无论个人内部还是环境都将不断分化,成人比儿童能意识到更多的区分内部经验和社会事件的各种概念范畴;二是心理场内的各种界线更加明确,成人比儿童更少混淆现实与非现实、自己与他人之间的区别。青少年期恰是儿童心理场向成人心理场的过渡期,处在两个心理场的边缘上,所以青少年也被称为边缘人(Marginal Man)。这个阶段的特点:一是在从儿童活动范围到成人活动范围的运动中,整个心理场在扩大,从而使青少年接触到更多关于环境和自身内部的消息;二是扩大心理场导致对每一个新范围的性质有更大的不确定性。而正是这些使青少年表现出一系列心理和行为特点,诸如情绪不稳定、价值观冲突、理想上的根本变化等。因此,事实上勒温是把青少年期心理发展的实质看作是环境和心理相互作用的结果,强调环境对青少年心理发展的影响。①

美国心理学家哈维格斯特(Havighurst,1972)更明确指出社会环境对个体发展的影响,他把人的发展视作学习和生活的那个社会所要求的各种任务的过程。他认为人必须学习的任务,即发展任务(Developmental Tasks),规定了一个人在特定社会中,在不同年龄阶段健康、正常的发展。这些发展任务是有一定顺序的,在个人生活中某一阶段产生的一个任务,它的成功完成将导致个人的幸运和后续任务的顺利,而他的失败则将导致他的不幸、社会非难和后续任务的困难(Havighurst,1972)。因而他认为,青少年期心理发展的实质就是学习个体在青少年期必须完成的八项发展任务及相应目标。他的观点也就被称为社会发展任务论(Theory of Social Developmental Tasks)。②

① 卢家楣.青少年心理与辅导——理论和实践[M].上海:上海教育出版社,2011.
② 卢家楣.青少年心理与辅导[M].上海:上海教育出版社,1999.

美国心理学家布里姆（Brim，1965）则从个体掌握社会角色的角度来认识个体的心理发展，提出社会角色论。他认为，个体心理发展是参与需要日益复杂的技能的许多社会角色的结果，“个性能够被视为一整套习得的自我—他人关系或自我—他人系统”。一个人遇到的各种社会角色和角色的各种关系远比与成熟相联系的因素重要。当个人同时承担的社会角色增多，他们就必然要学会角色承担、角色区别和角色整合的新技能，这是每一个新的社会角色对个人提出的新的挑战和刺激，个人也就在这个过程中得到发展。他指出，在青少年期，个体的发展与他在这期间社会角色多样性的增加密切相关。作为进入青少年期的个体，除承担家庭成员、同龄伙伴成员和学生这三个社会角色外，还要增加劳动者、政治活动参加者、宗教信徒、异性伙伴、恋人等角色，这就促进了青少年心理的相应发展，而种种角色冲突，也就使青少年心理产生种种矛盾以及相应的心理和行为表现。[1]

美国心理学家戴维斯（Davis）把青少年心理发展看作个体不断接受社会强化和社会惩罚之连续过程中的一个特定阶段，从而形成他的社会化论。社会通过对个体强化确立为社会所接受的行为，通过惩罚来确定社会不接受的行为。个体预知或担心惩罚会导致社会化焦虑，这种焦虑便成为社会化过程中的关键因素。随着个体进入青少年期，这种社会化焦虑会增加，因为青少年面临日益增多的社会职责，需延迟日益强烈的性需要和压抑攻击行为。同时，青少年也从中习得使这种焦虑减缓或减少的行为。当然，社会化焦虑强度过大，也会产生抑制和瓦解适应性行为的作用，使青少年出现种种偏常的表现。

① 卢家楣．青少年心理与辅导——理论和实践（第3版）[M].上海：上海教育出版社，2016.

第二章　青少年健康状况及健康行为透视

健康是人类生存和发展的最基本条件之一，又被称为人生的"第一财富"。德国评论家伯尔尼说："疾病有千百种，而健康却只有一种。"拥有健康是我们学习、工作和幸福的先决条件。健康度过一生的人是幸福的。本章就青少年健康状况及健康行为展开分析。

第一节　青少年健康现状分析

一、健康的概念及其内容

随着社会的进步和科学技术的发展，人类对自身的认识也逐步深入。世界各国的医学家们发现，人类的疾病谱、死亡谱与半个世纪以前相比，已经发生了根本的变化。传染病发病率、死亡率明显下降，一些非传染性慢性疾病如心血管疾病、脑血管疾病精神病、肿瘤等，逐渐成为威胁人类健康和生命的主要疾病。同时发现这些疾病的发病率、死亡率与个体的心理、行为、社会因素、生活方式关系密切。这种新情况的出现使传统的医学模式遇到了挑战，因此，健康的概念也进一步深化。

1978 年，世界卫生组织（WHO）将健康定义为：健康不仅是没有疾病和衰弱现象，而是一种躯体、精神和社会上的完满状态。世界卫生组织所提倡的身体、心理和环境适应三位一体的模式，深化了健康的概念，揭示了健康概念的精髓。完全符合现代医学模式,即生物—心理—社会的医学模式,因此是确切的定义。

1990年,WHO在有关文件中论述健康时提出:“健康包括躯体健康、心理健康、社会适应良好、道德健康。”WHO的健康定义不仅是一个医学定义,而且是一个社会学定义。这一健康概念的内涵大大超出了生物学的范围,把人体的健康与生物的、心理的、社会的关系紧密地联系了起来,这是人类在总结了近代医学成就的基础上,对健康认识的一次飞跃。

根据健康的定义,健康的内容应包括躯体健康、心理健康和良好的社会适应能力。现代健康观是一个“三维”健康观,对健康的认识要从以下三个方面入手。

（一）躯体健康

基本标志是躯体形态结构正常,发育良好,功能活动正常。机体的各个脏器、各个系统能正常发挥其功能作用,保持机体的稳态,具有进行日常生活和社会活动的能力和充沛的精力。人是完整统一的机体,全身所有组织、器官、系统发育状况良好,是健康的基础条件。各器官、系统的功能活动处于良好状态则是健康的具体表现。

（二）心理健康

在一般意义上,表现为人的心理现象及其活动处于良好的状态。心理健康的内容具有社会历史性。在不同的社会条件下,在不同的历史时期,心理健康的评判标准是不同的。心理健康的基本表现可归纳为:世界观科学,人生积极向上;思维不偏执,认知功能正常;反应适度,情绪稳定,具有精神创伤康复能力;个性无畸形发展,意志品质健全;自我意识正确,自我评价适当。

（三）社会适应良好

任何人都生存在一定的社会环境中,都与社会其他人发生各种关系，面对社会环境的适应能力强，以及对与他人的关系处理协调，是健康的主要内容之一。一般而言，社会适应良好表现为：人际关系协调、有社会责任感、社会角色扮演尽职、行为合乎社会规范。

健康具有连续性，从健康、疾病到生命终结，是逐渐变化的连续过程。健康与疾病之间并没有一个非此即彼的绝对界限。健康与疾病的区别是相对确定的，它们之间还存在一个“中间状态”，即“亚健康”。亚健康状态是指健康状态与疾病界限很不清楚，在一个相当长的时间内，各种仪器和生化检查很难发现阳性结果，人仅仅感到躯体和精神上的不适。其后既可以发展为某种疾病，但也可以仅有种种不适而不发病。在这种状态下人既不属于健康，又难于发现有疾病，是处于健康和疾病的临界状态，即所谓亚健康状态。亚健康状态是健康和疾病相联系的中介环节。世界上不存在“绝对健康的完人”，任何健康的标准都是相对的、人为的，青少年应以发展的观点加以对照。①

二、青少年健康的影响因素

人的身心发育过程是机体不断适应外界环境的过程，既是机体和外界环境矛盾统的过程，也是遗传性和适应性矛盾统一的过程。影响人体健康的因素归纳起来主要有以下几方面。

（一）环境因素

环境对人类健康影响极大，几乎所有影响人类健康的因素都与环境有直接关系。根据人类所处的环境可分为自然环境和社会环境两大方面。

自然环境包括阳光、空气、水、土壤、气候，以及各种物理、化学和生物等因素，是人类赖以生存和发展的物质基础，是人类健康的根本。

① 冯峻，李玉明．大学生健康教育[M]．成都：四川大学出版社，2015.

社会环境因素对健康的影响非常广泛，在疾病的发生、转归防治过程中常常起着极其重要的作用。社会环境因素影响健康主要是通过心理感受这个中心环节发生作用的。社会环境因素被人的感知系统纳入，经过中枢神经系统的调节和控制，形成心理折射，产生心理反应及行为，引起社会适应和躯体机能的变化。社会心理因素主要有以下几方面。

（1）世界观与健康观。世界观与健康观对健康起制约作用。世界观不仅决定健康相关价值取向，还影响人的生活方式、人生态度，进而影响健康。例如，暴饮暴食、生活无规律，很容易引起营养过剩，容易患高血压、胃溃疡等疾病，生活行为放荡则容易感染性病、艾滋病等疾病；如果生活的愿望不能实现，就可能出现精神颓废消沉，甚至铤而走险，伤人或自伤。

（2）心理状态。心理状态指心理活动在某一段时间的表现，包括认识状态、情感状态、意志状态等等。心理状态不仅决定心理健康水平，还直接或间接地影响其他方面的健康。例如，愤怒的情绪不仅破坏了心理健康，还会影响社会关系，并导致血压升高、胃黏膜出血等，使社会适应能力下降及身体健康受损。[①]

（3）记忆与思维。记忆与思维影响着人的健康知识、技能水平，影响着维护健康的能力，进而影响健康。

（二）生物因素

人类生物遗传危险因素也是危害健康的因素之一。随着分子生物学和遗传基因研究的发展，遗传特征、家族发病倾向、成熟老化和复合内因学说等都已经在分子生物学的最新成就中找到了客观依据。

（1）遗传。每个人都从上代继承遗传基因，不仅继承高矮胖瘦等基因，还要继承健康和疾病等基因，如高血压、糖尿病、色盲等都与遗传有关；心理气质、寿命的长短，也与遗传有关。

---

① 孔庆平．大学生健康教育［M］．长沙：国防科技大学出版社，2008.

（2）个体生物学特征。个体生物学特征包括性别、形态健康状况等。不同的人处于同样的疾病流行环境，可能有的人会感染得病，有的人仍然健康；不同的人喝同样多的白酒，可能有的人中毒严重，头晕恶心，有的人却没有中毒症状。这都与个体生物学特征有关。个体生物学特征受遗传影响，并与后天环境及社会行为习惯等有密切关系。①

（3）病原微生物。病原微生物包括细菌、病毒、寄生虫、原虫、螺旋体等，是威胁人体健康的最主要因素。几乎每个人每年都会多次受到病原微生物的危害。

（三）保健服务因素

一是医疗保健服务，如提供较好的医疗保健设施，能及时诊治危害健康的疾病；二是卫生保健服务，能及时得到卫生保健指导和帮助，以及预防疾病的发生、发展和促进健康；三是自我保健服务，每个人都能得到自我保健教育，培养自我保健意识和能力，懂得如何保持和增进健康，如何对待“异常”，并能及时进行自我诊治和寻求医疗保健帮助。医疗和卫生保健服务是健康的重要基础，而自我保健是医疗卫生保健服务措施真正落实到每个具体的人的重要前提，是实现健康的重要保证。

（四）医疗卫生服务因素

医疗卫生服务包括预防、保健、医疗、康复服务等。良好的卫生服务保障体系，对于及时消除或减少健康危险因素，维护健康，有着重要意义。例如，定期进行体检、及时得到自我保健指导等卫生服务，是维护健康所不能缺少的。医疗卫生服务中影响健康的因素，是指医疗卫生服务系统中存在各种不利于保护及增进健康的因素，如医疗质量低、误诊漏诊、医院交叉感染都是直接影响

① 全国十所院校编写组．新编大学生健康教程[M]．汕头：汕头大学出版社，2005.

健康和影响医疗质量的因素。

美国劳伦斯·格林在健康促进计划设计中，把健康行为主要相关因素分为倾向因素、促成因素、强化因素三类。倾向因素包括知识、信念、价值观、态度等；促成因素包括可获资源、法律法规、政策、技能等；强化因素包括激励、压力等。我国华西医科大学马骁教授把健康相关行为分为自身系统与环境系统两大类。自身系统包括遗传、形态等生理因素，需求（需要），动机等。环境系统包括家庭、同学、朋友等人际环境，居室、学校等生活环境，经济、教育、风俗、道德、自然资源等社会人文自然环境和医疗保健制度、服务提供、医疗保健资源可获得性等卫生服务环境。[①]

要使健康相关行为向促进健康行为方面发展，必须综合考虑影响行为的各因素的作用，并进行全面改善。否则，就不能形成促进健康行为，或者是形成的促进健康行为不能持久。例如，吸烟的人要想戒烟，不仅要掌握必要的有关戒烟的知识、技能，建立起戒烟的信念，有戒烟的需求、动机，而且要处在有利于戒烟的人际环境和社会环境，使戒烟行为不断获得法规政策、亲友、舆论的正向激励，想吸烟的动机不断受到自身和外界的压力等。这样，才有利于戒烟行为的持久，戒烟者才不至于再成瘾君子。[②]

（五）个体行为

行为是人类为生存和种族延续所进行的一切活动的总称，包括人的一些本能性活动和高级的社会活动。行为是影响健康的重要因素，几乎所有影响健康的因素都与行为有关。

① 谢英慧．大学生健康教育[M]．济南：山东大学出版社，2002.

② 祖光怀，杨佩龙，张蕴玉，等．大学生健康教育[M]．合肥：安徽科学技术出版社，2000.

三、青少年健康的现状

(一)青少年心理健康现状

青少年面临成长与成才中种种的心理困惑,需要了解自身的身体、心理与社会发展及需求,做出适当的调整,使自己处于良好的心理状态之中。当代青少年作为具有较高智力、较高文化和较高自尊心的群体,有着不同于一般青年更高的抱负和追求,面临更多的机遇和挑战,因而也承受着更大的心理压力与冲突。

从当前我国高校的普遍情况来看,大多数学生的心理是健康的,有较高的智力水平,强烈的求知欲望,乐观自信,人际关系良好,善于自我调节。但是,也有相当一部分青少年的心理健康状况不容乐观。根据一项以全国 12.6 万大学生为对象的调查显示,23% 的人有不同程度的心理障碍或心理异常表现。其中一些人因悲观、失望、沮丧、烦恼、焦虑、紧张、抑郁、孤独、恐惧、敌对等各种负面心理情绪和行为紊乱而导致心理极度失调,有的甚至发生出走、自杀、凶杀等事故。据另一项调查表明,需要心理帮助的占学生人数的 30% 以上。事实上,青少年心理疾患已经成为高校的一种常见病、多发病。青少年处在独特的生命发展阶段,心理未完全成熟,容易导致"问题行为"的发生,给青少年的健康成长带来许多消极后果。尽管如此,只有极少数学生接受了心理咨询等专业性帮助,而绝大部分并没有真正认识到这一问题,这在一定程度上不能不说明心理健康教育的紧迫性、必要性和艰巨性。[①]

(二)青少年生理健康

据统计,我国青少年的体质水平多年来连续下降,青少年的体质测试成绩整体还不如中学生。青少年的肥胖率持续上升,每

① 李乃加,孙启香,曹应忠.大学生健康教育新论[M].南京:河海大学出版社,2008.

5年提高2%—3%。青少年的肺活量指数2012年开始持续回升，但依然处于低水平状态。此外，青少年台阶指数指标持续降低，这表明青少年心血管系统机能逐步下降。[①]总之，因为饮食不规律、熬夜、缺乏运动等原因，青少年体质情况越来越差。青少年没有强健的体魄就无法抵抗疾病，无法承受未来学习、工作和生活中的各种压力。作为建设祖国的后备军，青少年的体质健康水平亟待提升。

青少年猝死事件近年来频频发生，发生地包括教室、运动场，甚至是宿舍。《中国青少年体育发展报告（2015）》显示，青少年的体质情况不容乐观。青少年猝死事件频发对于国家和社会来说都是一种极其危险的信号，学校、社会和国家对此必须给予高度重视。

第二节　青少年健康标准

一、判断心理健康的原则

（1）心理健康是一种适应状态，即个体带着已有的心理模式对来自自身的和外部环境条件的种种变化做出合适反映的状态。具体讲就是人能根据所面临的内外环境条件变化的性质、强度及环境的要求与个人的愿望做出相应的心理和行为反应。

（2）适应应当是持续的，即相对稳定的，而不是波动的或偶发的，即人的心理行为反应在大多数情况下应当是合适的。

（3）适应应当是积极的。虽然人可以无意地处理环境刺激，但作为有意识的人来讲适应主要应当是有意识的，在意识领域解决问题，一方面有意识地改变自身的认知、情感、思想观念等去满足环境的需求，另一方面通过改变环境满足自身的需求与愿望。

---

① 黎雅思，雷诗琪，韦海妮，等．健康中国背景下大学生的体质健康教育研究[J]．农村经济与科技，2019，30（3）：293-295.

（4）适应状态从本质上意味着人自身获得了一种平衡，能享受到满足感、幸福感、自尊感和自我统一感，同时也意味着与环境之间取得了协调，人能与社会与他人产生积极的互动，愿意为社会公众利益付出自己的努力。

二、青少年心理健康表现及评价标准

（一）心理健康的表现

对青少年这个特殊群体来说，心理健康主要体现在以下两个方面：一是青少年如何积极主动地调整自己的心态，适应大学这个特殊的环境；二是在这个环境下如何创造性地发展心理潜能，完善个人生活，取得事业的成功。

一方面，人的身心发展与环境的协调是一个动态过程。一个青少年如果能够很好地适应学校的要求和环境，就意味着这种动态关系的平衡与协调；而不良的适应则是对平衡与协调的破坏。一个高中生从进入大学的那一刻起，从心理上就要与周围环境保持着和谐的关系。这种和谐的关系主要指对学校现存和发展的环境、学校所有的规章制度及对青少年的特殊要求、学校的人际交往方式及各种生活事件能够理解、接受并且积极投入其中。①

大量事实表明，一个刚刚迈入大学的大学生，其过去建立的行为规范、道德标准、价值判断以至生活习惯等都与大学这个特定团体的标准有相当大的距离。从高中生转变成一个合格的大学生，人对环境的适应是一条漫长而又充满坎坷的道路。适者生存，只有主动积极地适应环境，保持心理与环境的和谐，才能在“环境”这个大舞台上有所作为。

另一方面，作为一名青少年，不能只被动地适应环境，而应在积极接纳并理解环境的基础上，找出人生价值和生活的意义，积

---

① 崔正华，张昆．管人育人艺术—心理学在“两个经常”中的应用[M].北京：国防大学出版社，2001.

极发展自我、丰富自我，提高自己的水平。青少年首先要解决的是自我发展的问题，而在自我发展的过程中，发展方向是第一位的问题，我们常常看到，有的人自我观念明确，追寻方向肯定，奋斗目标积极，在大学这个大熔炉中把自己炼成了一块好钢；而有的人生活缺乏目标，时感彷徨迷茫，以至于发展受阻。因此，确立正确的、合乎自己实际的人生目标并为之坚持不懈地努力是十分重要的。只有这样，人生才是有意义的，个人生活质量才是高水平的，心理健康才是高标准的。

（二）心理健康的标准

心理健康是指人们对于环境及其相互间具有最高效率及快乐和谐的适应情况。在这种情况下，人能愉快地接受生活的规范，保持镇静的情绪、较高的智能，具有适应于环境的行为。那么我们怎样判断自己或别人处于心理健康状况呢？一般认为，心理健康主要包括以下几个特征。[①]

1. 良好的情绪

情绪稳定和心情愉快是良好情绪的主要标志。稳定说明人的心理活动协调，愉快表示人的身心活动的满意与和谐，表示人的身心处于积极的健康状态。

2. 协调的行为

心理健康的人，思想与行动是统一、协调的；行为举止是适度得体、有条不紊的；做起事来是按部就班、有头有尾的；行为反应是适度正常的。特别需要提及的是，反应适度是心理健康的一个重要标志。人的反应存在着个体差异，但这种差别是有一定限度的，不会出现过分的迟钝或不正常的敏感。

---

① 崔正华，王伶俐，李爽．大学生心理健康与心理素质培养［M］．北京：航空工业出版社，2018.

3. 正常的智力

智力是人的认识与行动所能达到的水平，主要由观察力、记忆力、思维能力、想象力与实践活动能力组成。它是人生活、学习、工作的最重要的心理基础，是人与环境取得动态平衡的心理保障。人的智力发展水平是有差异的，但大多数人具有一般智力发展水平，智力超常和智力低下是少数的。智力超常与智力一般属健康范畴。一个观察力、记忆力、思维能力与实践活动能力都与周围人群相差无几的人应该属于智力正常。

4. 健全的人格

人格一词在语义上有两种解释：一是伦理学的解释，指人品、品格；二是心理学的解释，指人的个性，主要包括性格和气质两部分。这里我们从心理学的角度探讨人格。人格是多维的、多层面的。我们不可能十分明确地勾画出人格的全部，但健全的人格应具以下几个特征：①具有积极进取的生活态度和科学正确的人生观；②具有朝着目标前进的坚忍不拔的意志力；③具有从经验中学习，不断完善自己的能力；④具有乐观热情，少嫉妒心，无过分占有欲的性格。

5. 较好的环境适应能力

具有较好环境适应能力的人能不断地调整自己对现实的态度，以便更好地适应环境。当人们不能改变现实，理智的办法就是改变自己对现实的态度。要学会与人相处，使别人了解你，你也能够了解别人：尽量使自己被他人悦纳，被集体欢迎，不被看作“多余”或“有害”，要在集体中有自己的知心朋友。[①]

6. 正确的自我评价

正确的自我评价要求对自己的认识比较接近现实，比较有自知之明，能比较恰当地评价自己，给自己确定切合实际的生活目

① 崔正华，张昆．管人育人艺术—心理学在“两个经常”中的应用[M].北京：国防大学出版社，2001.

标和理想；对自己充满信心，努力发展自己的潜能，对自己无法弥补的缺陷也能安然处之。

青年时期是人一生中极为重要的一个时期。由于社会的发展，独生子女的增多等原因，现代青年身体早熟而心理晚熟，形成身心发展失衡，其心智能力有时无法控制身体早熟而衍生的冲动，这是当前青年异常行为问题增多的原因。作为处于青年期的士兵应该明确心理健康的标准，了解心理健康的特征，主动积极地提高自己的心理健康水平。

三、青少年心理健康标准的正确理解与运用

正确理解与运用青少年心理健康标准，应注意如下几点。

第一，心理健康与否是相对的。人的心理是精神现象，判断一个人的心理是正常还是异常，并没有明确的和绝对的界限，只是程度的差异。人的心理及行为由良好的健康状态到严重的疾病状态之间有一个广阔的过渡带，是一个由正常逐渐向异常、由量变到质变，并且相互依存和转化的连续谱。

第二，心理健康与否是可变的。心理健康水平虽然分为不同等级，但心理健康状况是动态的。人们的心理健康状况随着环境的变化、认知的调整、经验的积累，是不断改变的。判断人们的心理状况是否健康，主要指近一段时间既不代表过去，也不代表未来，但与过去、将来有一定联系。

第三，心理健康标准是理想的。生活在现实社会中的每一个人都在一定程度上存在心理问题，即人的心理问题是普遍存在的，只是程度不同而已。心理健康的标准是一种理想尺度，不仅为人们提供了一个衡量心理是否健康的标准，同时也为人们指明了发掘心理潜能，提高心理健康水平的努力方向。

第三节　青少年健康行为与干预

通常亚健康状态是指人们处于健康和疾病之间的健康低质量状态及其体验,或者说它是现代人类生活中介于健康与疾病之间的一种特殊状态。处于亚健康状态的人群,通常具有生理、心理上的多种表现,或似患有慢性疾病的表现,如心情烦躁、情绪不稳、焦虑、忧虑、精神不振、反应迟钝、注意力不集中、记忆力减退等。据世界卫生组织估计,目前全球有近 60% 的人不同程度地生活在亚健康状态之中。

一、青少年亚健康及其干预

(一)亚健康概念的产生

20 世纪 90 年代中期,国内学者王育学首次提出了“亚健康”这个词汇。其把“亚健康”初步定义为:介于健康和疾病的中间状态,在相当高水平的医疗机构经系统检查和单项检查后,未发现有疾病,而病人自己确实感觉到了躯体和心理上的种种不适,这种情况,我们就称其为“亚健康”。处于亚健康状态的人去医院进行相关检查却没有器质性病变,医生也没有好的办法来对其进行治疗,但主观心理上有许多不适的体验,机体上呈现活力降低、各种反应能力和适应能力不同程度的减退状态。

早在 1996 年的 1 月,“亚健康”这一概念见于专业报刊。当时《健康报》曾开辟了一个名为“亚健康学术探讨”的专栏,并相继发表了王育学所撰写的《疲劳综合征与亚健康状态》和其他专家所撰写的一系列文章。王育学称“(亚健康状态)是近年来医学界所提出的一个新的概念……当前尚无规范性的明确定义”,可以认为“在健康与非健康二者之间,机体存在着一种非此非彼的状态，即亚健康状态”①。

亚健康是处于疾病与健康之间的一种中间状态，健康、亚健康、疾病这几种状态都是动态发展、互相转化的，不是一成不变的，但亚健康如何与疾病及健康状态进行界定，其主要的特征是什么，在时间上如何限定，其转归如何，目前尚未有统一的界定方法。

（二）亚健康状态的形成

日本老年学家在进行调查后指出，影响人类健康和寿命的因素固然很多，但过劳是其中极为重要的因素之一。过劳可造成脑力、体力的巨大消耗，远远超过人体的承受能力，从而导致细胞、组织、器官较长时间处于“入不敷出”的超负荷状态。有些疾病早期没有什么明显的症状，在发病前仅有功能障碍，在相当长时期内尚难发现器质性病变，因此，往往不被人们重视和关注。此外，人体内在不断发生周期性变化，即使是健康人，有时也会在一个特定的时期内处于亚健康状态，如女性月经期的表现，男性疲劳时的表现（疲劳不同于过劳，疲劳一般为生理性范畴的改变，而过劳则为病理性范畴的改变）。②

随着工业的发展、经济的繁荣、空气的污染、生活节奏的加快、竞争的加剧和人际关系的日趋复杂，影响人体健康的因素发生了很大变化。伴随着医学模式的转变，致病因素不仅仅是单一生物因素，还包括社会因素、心理因素等。造成身体出现第三状态的原因主要有营养不全、逆时而作、心理失衡、噪音、郁闷、乱用药品、内劳外伤、练体无章等多种因素。

（三）青少年亚健康的影响因素

导致青少年亚健康状态的主要因素包括学习压力加大、缺乏锻炼、学习兴趣不高等。具体而言，主要有以下几方面。

① 陈爱莉，史伟，郭张箭．现代体育教学功能解析与科学发展研究[M]．北京：中国商务出版社，2017.

② 李明，陶弥锋．大学体育与健康教程[M]．天津：天津科学技术出版社，2007.

1. 营养因素

我国青少年多存在营养过剩与营养失衡的现状。营养是青少年增强体质、提高健康水平的必要条件。体质不佳的一个明显现象是体重不足、血红蛋白下降、出现贫血，其中以缺铁性贫血较为普遍。体重不足将会限定热能释放；血红蛋白降低将影响机体内氧的运输能力，其中尤以大脑供氧供血降低最为明显，使人易产生疲劳，导致学习和工作效率降低，体力下降。

2. 家庭因素

现在的中国青少年大都为独生子女，家庭的过分溺爱与放纵使青少年从小有一种优越心理，做事容易以自我为中心，很少考虑别人，在各种能力表现上缺少独立性。

3. 社会因素

由于社会的进步、科学技术的迅猛发展、对物质方面更高的追求，使得整个社会对个人能力的要求越来越高。社会、家庭都对孩子成长赋予过高的期望，很多家长由于经历坎坷，失去了很多原本属于他们的机遇，便希望在孩子身上完成他们的梦想。肩负两三代人希望的青少年，自然感觉身心疲惫，不堪重负。

4. 其他因素

现代医学研究的结果表明，青少年的亚健康状态形成还与其他很多因素有关，比如遗传基因的影响、免疫功能缺陷、宿舍卫生较差、体育锻炼不足、水源污染、空气污染、噪音污染和电磁波辐射等。

（四）青少年亚健康干预

1. 健康教育

健康教育的目的是提高人民健康水平，让人们从亚健康的状态转变到健康的状态。许多发达国家通过健康教育改变人们的生活方式，取得了显著成效。如芬兰的北卡利里亚执行以预防冠心病为主的健康教育项目 15 年后，总吸烟率从 52.96% 下降到 35%。可见，通过健康教育提高人们的自我保健能力，可以预防和改善亚健康状态。

2. 心理调适

心理调适的具体方法很多，下面简单介绍几种。

（1）语言开导法。语言开导法是指采用语言交谈方式进行疏导，来消除不良情绪和情感活动等的一种方法。劝导时应该以准确、生动、灵活、亲切、合理的语言进行劝导，以矫治其心理误区，排除心理障碍，使其心理状态从消极向积极转化。

（2）暗示解惑法。即意示法，是指采用含蓄、间接的方式，对其心理状态产生影响，以诱导其无形中接受治疗性意见；或通过语言等方式，剖析本质、真情，以解除其心中的疑惑，从而达到改善多疑、抑郁等不良情志因素的目的。

（3）宁神静志法。就是通过静坐、静卧或静立以及自我控制调节等，达到“内无思想之患，外不劳形于事”，抛弃一切恩怨情愁，以一念代万念。

3. 生活作息

（1）运动健身。生命在于运动，运动是健康长寿之本。通过运动既能够舒畅情志、流通气血、舒筋健骨，又能锻炼毅力，增强身体素质。

（2）娱乐保健。娱乐活动内容丰富，形式多样。适用于亚健康调摄的娱乐方式有如下几种。

①音乐疗法。音乐疗法是治疗亚健康状态的有效方法之一。在音乐体育运动中，人体通过大脑的整合和认知，调节人体的生理唤醒水平，从而缓解单一的紧张状态。因此，音乐体育活动是防治亚健康简便有效的重要手段。

②旅游。旅游不仅可以一览大好河山之壮丽景色，而且还能借以舒展情怀，开阔心胸。

③垂钓。垂钓时全神贯注，使人入静，与中医养生学“静养神”的观点一致。垂钓的环境多为湖滨、溪畔、河旁，绿树青草，空气中含有较多负氧离子。人们脱离喧嚣的环境、呼吸新鲜空气，可使头脑清醒。垂钓使人回归大自然，沐浴阳光，日光中的红外线，则能给人以温暖，使人体血流畅通，改善血液循环，促进新陈代谢。

④其他，如放风筝、练习书法等。

（3）饮食调摄。良好的饮食习惯及合理的营养是保证身体健康、预防疾病的首要因素。饮食的合理调摄是亚健康干预中的重要环节。饮食调理得当不仅可以保持人的正常功能，提高机体的抗病能力，还可以治疗某些疾病。饮食调摄中要注意以下几个方面。

第一，全面均衡。每天的食品应包括以下五大类。

谷物及薯类：如米、面、杂粮、马铃薯等，主要提供糖类、蛋白质、膳食纤维及 B 族维生素。

蔬菜水果类：如胡萝卜、南瓜、西红柿等，主要提供膳食纤维、矿物质、维生素 C 和胡萝卜素。

豆类：如大豆及其豆制品，主要提供蛋白质、脂肪、膳食纤维、矿物质和 B 族维生素。

动物性食物：如肉、禽、鱼、奶、蛋等，主要提供蛋白质、脂肪、矿物质、A 族和 B 族维生素。

纯热能食物：如动植物油、各种食用糖和酒类，主要提供能量、维生素 E 和必需脂肪酸。

第二，饮食有节。饮食要有节制，即进食要定时、定量。

第三，饮食卫生。讲求饮食卫生，防止病从口入。

第四，饮食健康，戒烟、限酒。

（4）睡眠调理。睡眠是调节各种生理功能的重要环节，是消除疲劳、恢复体力的主要形式。睡眠对亚健康人群的主要好处有消除疲劳，保护大脑和提高免疫力。在睡眠调理中注意养成良好的睡前习惯。睡前不宜吃得过饱，多吃会加重消化系统负担，使睡眠不深；应做到不吃刺激性和兴奋性食物；应用热水洗脚，可改善脑血循环，消除疲劳，帮助入睡；要刷牙，不仅可以清洁口腔，保护牙齿，而且对安稳入睡也有好处；不做剧烈运动，以免影响入睡。

二、青少年心理危机及其干预

心理危机是指危机事件带来的威胁和挑战超出了人们有效应对的能力范围，使人们内心的平衡被打破，从而引起混乱和不安，表现出明显的认知、情绪、意识及行为上的紊乱，使个体处于心理失衡的状态。青少年心理危机是青少年由于无法克服主客观因素的负面影响，而产生的一种严重的心理失衡状态。

（一）青少年心理危机的特征

1. 普遍性

实际上，心理危机从某种程度上来说是普遍存在的，每个人在人生发展道路上都可能遇到因受挫而造成的危机，这表明个体正在努力适应环境的变化，保持自我与环境的平衡。对处于发展关键阶段中的青少年来说更是如此，大学时期需要探索自我、规划职业人生、适应未来社会多变的环境，这是一个不断打破自身平衡，寻求新的自我秩序的过程，每个人都可能会遇到各种各样的心理危机。

2. 时代性

心理危机与时代背景有着高度的相关性。当代的社会环境、政治格局、经济发展等各方面对青少年群体的影响有其特殊性，青少年在个人对理想的追求与社会现实的距离中体会到冲突与矛盾。经济发展迅猛、信息爆炸使一部分青少年感觉必须跟上时代，常常害怕自己落后掉队，这就导致青少年的压力增大，心理危机产生。

3. 双面性

有的人一提到心理危机就害怕,希望并祈祷它不会降临在自己身上。趋利避害固然是个体的基本心态,但客观地了解与看待心理危机,有利于我们更好地应对它。心理危机具有双面性的特点:危险与机遇并存。其危险在于它可能导致个体的心理失衡乃至病态,严重的甚至可能会自毁和伤害他人;机遇则在于个体寻求解决危机的过程中,会促使个体的改变,带来正面的心理资源,如积极的认知、良好的应对策略、增强挫折的耐受性、提高适应环境的能力,以后能有更多、更有效的资源处理可能遇到的其他危机。

(二)青少年心理危机的表现

根据心理学的相关理论,青少年面临危机时会出现一系列症状,主要表现在以下方面。

1. 主观方面

第一,表现在情绪方面的变化。出现心理危机的青少年,常出现害怕、焦虑、忧郁、惊恐、猜忌、敏感、暴怒、麻木、自责、绝望、无可奈何等情绪状态。

第二,表现在认知方面的变化。产生心理危机的青少年,将自身置于极度悲伤之中,从而导致认知的变化,如常出现注意力不集中、自卑、健忘、办事效率低、计算和思考理解困难、缺少工作或生活激情等状态。

2. 客观方面

第一,出现心理危机的青少年,会在躯体方面产生一系列症状,如心慌气短、胸闷、呼吸不畅或窒息感、疲乏、头晕、头痛、失眠多梦、食欲下降等。

第二,存在心理危机的青少年,会产生一系列行为方面的障碍,如社交退缩、沉默、不能很好地控制自己的情绪、坐立不安、举止僵硬、容易与人争执等。若出现严重的心理危机，还会产生精神崩溃、自杀、杀人等行为。

另外，存在心理危机的青少年平时还具备以下特征：首先，危机者不能有效集中注意力进行学习和家务活；其次，与人隔绝、不爱与人接触，常常会采取极端的方式使自己不孤单；再次，与社会的联系不合理，危机者感到人与人之间距离的遥远，并可能将对自己和对周围的破坏作为解决问题的最终办法；最后，拒绝他人帮助，认为别人的帮助只能证明自己的软弱无力，其行为、思维、情感不协调一致或产生其他一些异常行为。

（三）青少年心理危机干预的操作过程

心理危机干预是治疗心理危机的有效方法。通过心理危机干预，能够对处于困境或遭受挫折的人以及时、有效的心理关怀和帮助，使其能够正确认识自己所处的心理状态，从而正确看待困境与自身心理障碍之间的关系，消除心理危机。

1. 判断个体差异性

每个人的成长环境和自身条件都是不同的，因此他所受到的危机也就具有一定的特殊性。因此，心理危机干预要因人而异地灵活处理，而不能机械干预，或刻板、先入为主。

2. 进行自我评价

危机干预者要对自己有全面客观的认识，以正确地应对或处理危机，如果自己难以处理危机，则需要借助转介。

3. 保证危机学生的人身安全

危机干预者采取的方式、选择和策略，必须要保证危机学生的身心安全，还应分析在伦理、法律和职业等方面的合理性。

4. 提供一定的帮助

危机干预者必须完全、积极接纳每一个存在心理危机的学生，对危机学生的经历、感受不作评价，为其提供关怀、体贴、同情等咨询策略。

5. 明确危机学生存在的问题

危机干预者要明确界定危机学生的所有问题，帮助其改变不合理认知，指出其存在的问题，并围绕其核心问题对各个问题进行澄清。对问题严重且具有高度情绪化或防御的学生，要避开回答与问题没有太大联系的事情。

6. 分析可替代的应付策略

正处于危机中的学生对问题的看法往往具有一定的局限性，或沉浸在危急中难以自拔、无法控制。为此，干预工作者应用开放式提问，启发危机学生找出可替代的应付方法。为提高问题解决策略的有效性和针对性，指导者不应将自己认为合适的方法强加给危机学生。

7. 制定可行的行动步骤

危机干预者要协助心理危机者制定短期计划以解决目前的危机和长期应对策略。干预行动应依据危机学生的情况和其所处的环境背景，制定切实可行的活动计划，注意恢复危机学生自主功能。

另外，指导者还应该发挥危机学生的应对优势，从而恢复学生的心理平衡，使其重新获得信心。在干预过程中，要关注危机学生的迫切需要，使干预治疗具有较大的针对性。对一些严重抑郁症、有消极观念或行为的学生，要尽早转介到专科医院治疗。同时，还应该建立和使用工作关系网，形成一个组织性强、专业素质很高的团队共同完成干预工作。为有效调动被干预人的积极性，增加干预者和被干预者的互信，要争取危机学生的承诺与保证。

当事人在面对自身遇到的心理危机并能够意识到这种心理危机时，也可进行一定的自我调适。自我调适的目的在于从自身的角度出发来解决危机，使自身恢复到危机前的水平。心理危机的存在必然导致危机者心理上的极度紧张和沮丧，表现出强烈的不适感和挫折感。通过调整情绪，可以使某些情绪的恶性循环得到控制。情绪调整常采用的方法包括分散转移注意力、找合适的人倾诉、自我对话等。

（四）心理亚健康青少年体质健康与运动干预

1. 心理亚健康青少年体质健康

（1）身体成分与青少年心理亚健康

研究表明，青少年处于心理亚健康状态或者三个维度的亚健康，更易出现超重肥胖状况。研究结果还显示，相比心理健康和社会适应健康青少年，心理亚健康状态、社会适应亚健康青少年的正常腰围检出率更低，但在情绪亚健康和品行亚健康层面，个体正常腰围检出情况并未与之产生相关性联系。另外，相比女性，男性的正常体重检出率更高；相比大学生，中学阶段正常体重的检出率更低。此外，研究结果还表明，无论是心理亚健康症状、心理亚健康状态，还是心理亚健康各维度，相比正常心理健康状态群体，其消瘦状况的检出率更低。鉴于青少年心理发展处于并不成熟的状态，因此，超重、肥胖对于青少年群体的心理健康而言，产生的不良影响相比成年人可能更为突出。

首先，研究表明，在儿童青少年群体中，低自尊与超重、肥胖容易高度相关。

其次，有研究显示，对于青少年群体而言，由于其身心发展的不成熟性以及情绪变化的频繁性，其人际关系的风险因素众多。在这些风险因素中，体形是影响青少年人际关系的高风险因素，其中超重、肥胖更是高风险因子，可能诱发青少年对正常社会交往的焦虑和恐惧。

（2）青少年心理亚健康与体能指标关系

研究结果表明，相比心理健康者，心理亚健康以及各维度青少年在高等级 30 秒仰卧起坐、高等级坐位体前屈、高等级 20 米往返跑检出率中更低。鉴于这三个项目分别反映青少年腰腹力量、柔韧性以及心肺耐力水平，这在一定程度上证明心理亚健康与青少年健康相关的体能指标呈现出密切的关联。在单因素方差分析中与心理亚健康之间存在联系的一些指标，如反映青少年灵活协调性的20秒反复横跨、反映青少年上肢力量的握力、反映青少年速度的50米跑，对其进行logistic多因素回归分析时，这些指标则未体现出与青少年心理亚健康之间具有相关性。另外，反映青少年下肢力量的立定跳远，在logistic多因素回归分析时显示其与社会适应亚健康具有正相关关系。这些结果在一定程度上证明，心理亚健康与运动技能相关的体能指标联系并不紧密。

因心理问题难以确诊、难以跟踪、难以治疗等特点，再加之青少年这个群体的固有特点，使心理健康问题成为困扰青少年本人、家庭以及社会的一个难题，青少年心理健康问题已经成为全世界范围内的公共卫生问题。诸多研究机构和学者试图建立体质水平与心理健康之间的关系网络，从而可以从改善体质健康水平的途径改善心理健康水平。一项关于各个力量指标与青少年心理健康之间的meta分析的研究结论表明，各力量指标(上肢力量、下肢力量、腰部力量)与青少年的认知具有非常密切的关系，如青少年感知到的身体胖瘦程度与实际营养状况可能存在一定的差异，或者感知到的其他运动能力与实际水平也可能存在一定的差异。另外，该研究还表明，力量指标与青少年自尊心以及自我价值认同具有相关性。

鉴于心肺耐力在个体健康所有因素中的核心地位，对心肺耐力水平与青少年心理健康之间关系的研究较多。大多研究认为，心肺耐力水平与心理健康呈正相关关系，改善心肺耐力水平能有效地提升个体的心理健康程度。研究发现，青年人抑郁症的发生概率与心肺耐力负相关。

在体质健康研究中，诸多研究结果表明，柔韧性对于个体保持运动能力，防止运动损伤具有非常关键的作用，属于与健康高度相关的体质健康要素。关于柔韧性与个体心理健康之间的关系，很多研究聚焦一些与柔韧性高度相关的项目，通过锻炼前后的心理健康程度比较，从而验证柔韧性的改善是否可以提升心理健康水平。

目前在一些心理疾病临床干预研究中，采用柔韧性改善作为治疗手段之一，主要在于通过柔韧性锻炼可以增强患者的意志力，从而促使其心理抗击风险的能力增强。当然，作为与"健康"具有较为密切关系的体质健康指标，柔韧性的改善将会促进个体身体健康程度。

2. 心理亚健康青少年的运动干预

（1）运动干预与青少年心理健康

①运动干预与情绪之间的联系。运动干预对个体情绪影响的研究大概可以分为两类：横断面研究和运动干预研究。量表测试是横断面研究采用的主要研究手段，分析个体身体活动的参与程度，验证情绪因素与心肺耐力之间的关联；干预研究通常采用的方式为要求被试根据预定方案参加运动锻炼，被试的所有情绪变化需在干预的前后被评判。根据时间长短，干预研究被分为长期运动（Chronic Exercise）干预和一次性或急性运动（Acute Exercise）干预。

②运动干预与品行之间的联系。由于青少年心理发展的不成熟性，心理波动较为频繁，导致此群体容易出现品行方面的问题。在日常生活和学习中，在青少年群体中，经常出现此类现象，如总是感觉别人针对自己，不能控制自己的情绪和脾气等。这些行为有时是孤立的事件，但有时却是反复发生，反复发生很大程度上意味着儿童青少年存在品行方面的症状。研究表明，儿童青少年这些品行方面的问题在青春期（15—16岁）发生概率达到顶峰，而随着年龄增长，发生概率逐步下降。研究发现，参与体育运动对于儿童青少年而言，不仅仅是学习一项体育技能或者改善身体健康需求，而是改变自身存在的一些与环境相隔阂的弱点，更加与环境相融合。

③运动干预与社会适应之间的联系。社会适应属于一种交

互作用,即环境与个体之间交集关系的过程或状态,反映了个体与外界的和谐与平衡。青少年社会适应的发展受社会压力、人格特征、智力、心理品质、身体特点、家庭因素、社会支持、文化背景、网络及同伴交往等多种因素影响,是一个动态的调节与变化过程。理论上认为,体育中构建的同伴关系、活动情景体验、抗挫折能力、对规则的服从以及教师的引导、强化是体育发展学生社会适应的主要途径。

在国外对运动干预与社会适应之间联系的研究中,中介变量一般选择为青少年的合作能力、幸福感、竞争性等。这些研究的研究范式基本为或者通过设计好的运动干预方案,或者是对不同的青少年进行身体活动调查,最终通过量表或问卷的方式进行社会适应能力的判别。研究结果大多验证,青少年主动参与身体活动或接受运动干预的次数、强度、频率越多,越可以促进青少年社会适应性的增强,提升其幸福感,也能够更好地融入社会环境。我国学者也进行了相关的实证研究,结果表明,体育锻炼强度、时间、频次、持续年限与中学生社会适应呈显著正相关。

(2)心理亚健康青少年的运动干预

青少年时期,属于个体过渡到成熟期的关键阶段,发展过程复杂,这一阶段既称为过渡期,又称为心理危机期。这一时期的青少年生理、心理、思维、对社会环境的认知等均会发生较大的变化,也不可避免地在学习、工作、生活等方面可能会遭遇各种心理障碍和困惑。但应该强调的是,鉴于青少年所处于的特殊成长阶段,其心理状态处于一种“善变的不稳定阶段”,因此,具有科学性和系统性的干预手段可能会使青少年群体的心理健康状况向正面方向发展。研究表明,在众多心理干预手段中,运动干预(强度适当、运动时间适当、运动手段适当)对于青少年身心的促进具有较好的效果,能够使青少年在比较自然的状态下通过身体调节达到愉悦身心的目的,最终促进青少年心理健康的改善。在国内外关于心理疾病、心理疲劳、心理耗竭等治疗当中,运动干预是采用较多的手段之一,且研究结果表明具有较好的疗效。为了促进青少年心理健康的状态改善，减少心理问题的发生，应该通过有效的锻炼措施，改善青少年心理健康程度，这对于促进青少年身心健康的发展具有积极的意义。

运动干预并非只是运动就可以达到预期目的，效果较好的运动干预方案必须要具有科学的理论基础，然后结合实践当中的具体条件，方能进行运动干预设计。运动干预效果的体现，需要在运动干预的过程中进行严格的科学控制，运动干预者应该按照既定方案进行干预，被干预者则需要配合运动干预者的干预程序。因此，运动干预者和被干预者的选择对于干预效果非常关键。

三、青少年学习焦虑的心理健康干预

在当前以学业成绩作为评价青少年主要指标的背景下，过度学习焦虑的产生已成为青少年学习过程中的普遍现象，且产生原因主要集中在青少年自身因素、学校及家庭环境因素、社会整体背景因素等方面。因此，对青少年学习焦虑干预模式的构建，也必须从青少年个体、学校及家庭、社会三个层面入手。

（一）青少年学习焦虑的个体干预

个体干预是指心理健康工作者针对学习焦虑青少年采取心理辅导手段，有效缓解其过度学习焦虑的干预方式。针对青少年学习焦虑的个体干预可以从以下几个方面入手。

1.引导青少年树立合理的学习目标

焦虑是一种未来导向的反应，当个体对未来的事件无法预测时，便会产生紧张不安和恐慌感。当青少年在学习过程中没有目标，就会产生迷茫的心理，导致焦虑、烦躁、回避等负性情绪的出现。当青少年的学习目标与自己的能力不相匹配时，出现经常性的失败，同样会导致学习焦虑的出现。所以教师的首要任务就是引导学生树立合理的学习目标，具体可分两步完成：首先，教师应设置与学习目标有关的课程，使学生意识到制定学习目标的重要性，引导学生树立学习目标。其次，通过课堂或课外活动帮助学生正确地认识自我，使学生了解自己的能力，开发自身的潜能，并引导学生根据自身的实际情况及时调整期望值，如果发现学生设定的目标过高，应提醒其修正。当学生的学习目标不明确时，教师可以利用心理学中一些专业的方法对学生进行指导，例如，手段—目的分析法，先制定一个大的目标，再把大的目标分解成一个个的子目标，通过完成子目标不断地向最终目标靠拢，或根据教师自身的经验和对学生的了解对学生提出合理化的建议。

2. 帮助青少年提升有效的学习技能

学习技能缺乏是青少年学习焦虑产生的原因之一，正是由于学习技能缺乏，在学习过程中往往事倍功半，难以适应学校的学习进度，导致学生出现习得性无助、焦虑等负性反应。因而，针对学习焦虑的青少年个体，在教学过程中除了知识的传授外，还要加强对学生学习方法的辅导，纠正学生不良的学习习惯，提高学习效率。另外，可以建立互助小组，将学习成绩优异的学生平均分配到每个小组中，帮助学习成绩较差的学生学习，一方面可以加强学生之间的人际交流，帮助学优生锻炼表达能力，加深学习印象，弥补不足；另一方面可以增强学习较差学生的学习兴趣，借鉴学习方法，掌握学习技巧，从而减少学习焦虑的产生。

3. 开展针对性的集体辅导与个体辅导

由于青少年的身心发展并不成熟，当其在学习中遇到挫折时，部分青少年会采用逃避的方式来解决问题，学习问题得不到有效解决，反而导致了学习焦虑的产生。此时开展针对性的集体辅导非常必要，集体心理辅导是面向全体青少年的心理辅导形式，能够通过促进青少年对自身心理状况的了解，转变错误的认知，提高自我认识，降低学习焦虑出现的可能性。具体的做法可以从针对学习焦虑问题开设心理健康讲座着手。通过大范围的讲座形式，使学生具备基本的识别心理问题的能力，发现心理问题且运用正确的方法通过合理的途径化解矛盾，从根源上预防心理问题的出现，提高学生的心理健康水平。但对那些无法进行自我调控的青少年，集体辅导效果非常有限，应辅之针对性的个体辅导，即需要具备专业心理咨询技能的心理健康专员，对青少年的学习焦虑程度进行正确的评估，并通过一对一的咨询找出个体学习焦虑的成因，恰当地使用放松训练、催眠、认知行为疗法等专业的心理咨询技术对青少年出现的学习焦虑问题进行个体干预，使青少年摆脱学习焦虑的困扰。

（二）青少年学习焦虑的环境干预

青少年学习焦虑的环境干预，是指心理健康工作者采用各种方法对学习焦虑个体所在的学校和家庭环境进行修正，从而达到缓解学习焦虑的目的。环境干预主要包括学校环境干预和家庭环境干预两个方面。

1. 青少年学习焦虑的学校干预

学校是青少年接触时间最长的场所，学校教育是决定学生心理健康成长的关键性因素，虽然学校在青少年心理健康教育方面取得了一系列可观的成果，但学校在课程结构方面、教师的素质方面、基础设施建设方面仍然存在很大的问题。

要解决传统的学校教学所带来的弊端，首先要调整课程结构，除了普及基本的心理健康知识外，还应针对学生的情感问题、抗挫折能力、自我减压方式等进行指导。在课堂中加入播放影片、团体心理辅导、心理游戏等教学形式，促使学生自己形成感悟，走出误区。课程的设置还应重视对青少年考试心理的辅导，考前帮助学生放松心态，考后帮助学生正视考试成绩，战胜挫折，避免出现因考试失利引发的学习焦虑。针对学生的减压问题，心理健康教师可以在课程中教授学生一些简单的放松训练方法。除此之外，学校还应积极开展心理健康教育的课外活动，创办心理社团，举办心理文化艺术节，提升教育效果，预防和减少心理健康问题的出现。其次，鉴于教师对学生起到的榜样作用，学校在教师的招考过程中应把心理健康作为一项重要的筛选条件，定期聘请专业的心理人员开设讲座，为所有教师普及心理健康知识，进行团体训练，使教师具备识别青少年心理健康问题的能力，必要时与心理健康教师合力解决问题。另外，学校不应把学习作为竞争手段，给予青少年过重的学习任务和过高的学习目标，不能只重视学习成绩优异的个体而忽略学习成绩较差的个体，而是应该倡导教师平等关爱学生，与学生建立良好的师生关系，加强与学生之间的沟通。学校还应设置监察小组，进行课堂抽查，及时发现教师在教学方式上存在的问题并督促其修正，避免因教师的个人问题导致青少年学习焦虑的出现。

最后，学校应加强心理咨询机构的建设，为青少年创造一个安全、舒适、保密的空间，聘请具有心理咨询资格证书且拥有咨询经验的教师，在青少年遇到难以解决的心理问题或不能自己缓解学习压力时可以进行求助。同时引进能够进行心理测量的设备，在每学期初对学生的心理健康状况进行普查，筛选出学习焦虑严重的个体进行进一步的干预。学校还可以设置专栏，欢迎学生进行投稿，由专业心理咨询人员及心理健康教师进行整理以解决青少年存在的问题，并发表文章，为不愿寻求心理咨询机构帮助的青少年提供参考。

2. 青少年学习焦虑的家庭干预

温情、关爱的家庭氛围有利于青少年心理健康成长，而在现今以学业成绩作为评价青少年最重要指标的社会背景下，家长们盼望子女出人头地的心理日益严重，父母的期望值越高，便会给予青少年越多的压力，一旦这种压力超出了青少年所能承受的范围，一系列心理问题便会相继出现，甚至产生学习焦虑。另外，错误的教养方式不但不利于青少年自尊的发展，而且还会使其丧失自信，缺少面对失败的勇气。对青少年学习焦虑的家庭干预，首先要使家长意识到家庭环境和教养方式在孩子心理素质发展中的地位和作用，学校可以通过举办专题讲座帮助家长树立正确的成才观和教育观，使家长在教育子女的问题上，掌握适度原则，采用民主的教养方式，避免过分干涉青少年的学习和生活。合理地调节对孩子的期望值，尊重孩子的个性发展，营造轻松愉快的家庭环境，让学生感受到家长的支持和鼓励，才能更好地发挥家庭的作用。心理健康工作者可以根据心理学知识针对亲子关系总结一些有效的技巧，帮助在处理亲子关系能力方面欠缺的父母。学校是青少年学习的直接场所，家庭是青少年生活的直接场所，两者如果能够互相分享信息源，就可以在更深层次上对青少年的学习焦虑情况进行干预。因此，家长应多与学校进行沟通，关注孩子的在校情况，以便更早地发现孩子的学习焦虑问题并采取干预措施。

（三）青少年学习焦虑的社会干预

青少年的成长离不开社会的支持和帮助。学校心理健康教育的基础设施建设停滞不前的原因，除了学校自身的因素外，更重要的是缺少国家政策的支持。所以，国家应加大针对青少年学习焦虑项目的研究经费投入，指导和督促学校完善心理健康教育体系，积极推进社区心理健康体系的建设。要想发挥社区的作用，首先要赢得政府的重视，政府往往能够实质性地影响民众的思想，增加民众行动的动力；其次要建立专门的机构和专业化的队伍，挖掘社区教育资源，组织社区教育活动；最后要尽力赢得社会各界的积极参与，对社区教育观念广泛宣传。

此外，要从根本上减轻青少年的学习焦虑问题，就需要营造积极健康的社会风气。在应试教育的社会环境下，社会评价一个人往往以学业成绩作为最重要的标准，使得学校、教师以及父母往往过于关注青少年的学习而忽略了青少年的心理健康。所以应转变教育观念，使教师成为能够帮助青少年解决问题而不是制造问题的人，成为帮助青少年应对挫折而不是除了学习成绩对青少年漠不关心的人；使同伴作为青少年最佳的倾诉对象而不是竞争对手；使父母的理解和建议能够给青少年提供强有力的支持；使医院、社区、心理咨询机构等可以为青少年提供心理援助。学校、教师和家长在学生产生学习焦虑后要主动寻求社会支持系统的帮助，合力应对学习焦虑。社会应给予青少年更多的鼓励，密切关注青少年的心理健康，以社会的支持引导青少年沿着正确的方向健康成长。

第三章　青少年健康教育的内容体系

健康教育是帮助并鼓励人们建立达到健康状态的愿望，使人们知道怎样才能实现健康的目的。健康教育通过有计划、有组织、有系统的教育活动，传播有关健康的知识，促使人们自愿采用有利于健康的行为，消除并降低危险因素对健康的影响，从而提高生活质量和生命质量。

青少年健康教育的内容包括生理健康教育、心理健康教育、行为健康教育、饮食健康教育、运动健康教育等内容，本章重点就这几个方面展开研究。

第一节　青少年的生理健康教育

青少年的生理健康教育主要包括防治躯体疾病、改进卫生习惯、增进青少年躯体健康的教育。如通过传染病防治知识的教育，帮助青少年改进卫生习惯，减少传染病在学生中的发生和传播；通过合理饮食、注意营养卫生的教育，减少青少年维生素缺乏症、贫血等营养性疾病的发生率。通过青少年躯体健康教育，增进青少年的自我保健意识，防止和减少常见病、多发病的发病率。

一、青少年的生理特点

（一）人类生命阶段的划分

世界卫生组织将10—20岁定为青春期。青春期又分为青春前期（10—14岁）和青春后期（15—20岁），青春前期为发育迅猛阶段。青春后期将进入生理成熟期，是生长发育逐渐缓慢阶段。我国一般把人的一生分为胎儿期（受孕—分娩）、乳儿期或婴儿期（0—1岁）、幼儿期（1—6岁）、童年期（6—10岁）、少年期（10—14岁）、青年初期（14—18岁）、青年中期（18—23岁），青年晚期（23—28岁）、成年期（28—60岁）、老年期（60岁以后）。

目前中国大学生一般在20—23岁，已步入青年中期阶段。大学生形态发育经过人生青春期生长发育的第二期后，无论是人体的外形或内脏器官，都发生了重大的变化。身体迅速发育增长，体力与活动能力急剧上升，出现了成年人的标记，形成了青春期形态发育的特点，这是一个相当复杂的变化过程。

（二）青少年的基本特点

青春期是生理发展的时期，生理急剧发展是青年期不同于其他人生阶段的最重要特征，个体的身高、体重、骨骼、内脏、性器官等生理发育十分显著。就女生而言，开始有月经；就男生而言，开始有射精现象。女生的卵子与男生的精子日渐成熟。但个体的发育是有差异的。年龄虽不能真正代表个体的发展与成熟程度，但人类的发展成熟事实上是受遗传基因控制，到一定年龄时即会发育到达某种程度。①

由少年到成年之间的过程，是一个连续的、有高峰的、不断发展的过程，同时又是人生发展过程中的蜕变、转折和转型期。

① 宋军，郭秦岭，艾军．大学生健康教育教材[M]．北京：中国书籍出版社，2010.

青年是人生发展的自我辨认与认定的重要时期，尤其是性别角色学习与分化的关键时期。此期不顺利者，将阻碍人生的进程。

（三）青少年的生长发育

从生物学上说，人体发展可分为三个阶段：生长发育阶段、相对稳定阶段和衰老退化阶段。从人体产生到成熟，大约20多年，称为生长发育阶段。生长是指人体细胞和细胞间质的数量和大小的增加，是一个量变的过程。发育是指在量变基础上导致的人体器官和组织的分化、结构的完善和机能的成熟，又称为质变过程。生长和发育这两个过程，是相互联系、相互促进的过程，生长导致发育，发育进一步促使生长，并由此形成个体生长发育的两大高峰。第一高峰处于婴幼儿期，第二个高峰便是在青春期。青年的生长发育，集中体现在以下几个方面的变化上。

1. 身体形态和功能的变化

身体形态和功能主要包括身高、体重、体形（宽度和围度）、心肺功能等方面的变化。

（1）女性在9—10岁时身高、体重、肩宽、骨盆宽的发育水平超过同龄男性，15岁左右男性各项发育水平超过同龄女性，18岁左右男性的上述四项指标绝对值超过女性，形成男子身材较高，肩部较宽，而女子身体丰满，髋部较宽的身体特征。

（2）女性骨骼比男性轻20%，肌肉重量约为男性的60%，女性承受力和耐力比男性差。中国青年（18—25岁）的平均体重分别为男性61千克，女性53.5千克。

（3）心脏迅速增大，心肌变厚，心、肺功能提高。在青春期心脏重量、容积增高约1.5倍，心排血量增加约1.5倍，血压、心率更加稳定。

2. 脑形态与功能变化特点

（1）从兴奋过程强于抑制过程，发展到兴奋与抑制达到平衡。

（2）从第一信号系统占优势，发展到成年期第二信号系统占优势。

（3）脑的体积和重量接近成人，脑发育基本成熟。

（4）脑功能产生很大变化，记忆力、理解力、思维能力都有大幅度提高，求知欲旺盛。

青年期脑形态与功能变化情况如表 3–1 所列。

表 3–1　脑形态与功能的变化

<table>
<tr><th>阶段</th><th>代表年龄 / 岁</th><th>脑重量 /g</th><th>占成人脑重百分比 /%</th><th>作用</th></tr>
<tr><td>出生</td><td>—</td><td>350</td><td>25.00</td><td>—</td></tr>
<tr><td>3—10 月</td><td>0.5</td><td>700</td><td>50.00</td><td>直观行为思维</td></tr>
<tr><td>2—4 岁</td><td>2.5</td><td>1050</td><td>75.00</td><td>具体形象思维</td></tr>
<tr><td>6—8 岁</td><td>5</td><td>1260</td><td>90.00</td><td>形象抽象思维</td></tr>
<tr><td>10—12 岁</td><td>10</td><td>1330</td><td>95.00</td><td>经验型抽象逻辑思维</td></tr>
<tr><td>14—15 岁</td><td>女 18—20</td><td>1300</td><td>100.00</td><td rowspan="2">理论型抽象逻辑思维</td></tr>
<tr><td>14—15 岁</td><td>男 25—30</td><td>1400</td><td>100.00</td></tr>
</table>

3. 内分泌系统的变化

人体内分泌活动既受中枢神经的调节，又受各内分泌腺之间的相互作用，形成三个层次，见表 3–2。

表 3–2　内分泌系统的变化

<table>
<tr><th>激素名称</th><th>英文缩写</th><th>分泌腺体</th><th>对人体的作用</th></tr>
<tr><td>促性腺激素</td><td>Gn</td><td>脑垂体（前叶）</td><td rowspan="3">①女性卵巢泡的生长；
②促女性排卵；
③卵巢黄体形成</td></tr>
<tr><td>促卵泡激素</td><td>FSH</td><td>脑垂体</td></tr>
<tr><td>黄体生成激素</td><td>LH</td><td>脑垂体</td></tr>
<tr><td>生长激素</td><td>GH</td><td>脑垂体</td><td>①蛋白质合成；②骨骼的发育；
③减少脂肪</td></tr>
<tr><td>肾上腺皮质</td><td>ACH</td><td>肾上腺</td><td>①调节三大代谢；②促进肌肉生长</td></tr>
<tr><td>睾丸酮
（雄激素）</td><td>T</td><td>睾丸
肾上腺（DNH）</td><td>①雄性器官的发育；②精子的生成与成熟；③第二性征（男）；④延长寿命；⑤蛋白质合成和造血；⑥性欲</td></tr>
</table>

续表

激素名称	英文缩写	分泌腺体	对人体的作用
雌激素	E	卵巢 肾上腺（DNH）	①雄性器官的发育；②卵子的生长；③第二性征（女）；④性欲
孕激素	P	卵巢	①子宫内膜的增长；②乳腺的生长；③抑制子宫的运动；④抑制排卵
甲状腺素	T	甲状腺	①促进新陈代谢；②维持神经稳定性；③促进性腺的发育

第一层次：下丘脑（中枢神经部分）分泌各种促内分泌腺释放因子作用于脑垂体。

第二层次：脑垂体分泌各种相应的促内分泌腺激素作用于其他各种内分泌腺（肾上腺、甲状腺、性腺）。

第三层次：由各种内分泌腺分泌相应激素进入血液（淋巴）作用于人体各部分。内分泌系统变化的特点如下。

（1）卵巢和睾丸都能产生雄激素和雌激素，男性以雄性激素为主，也有少量雌激素；女性以雌性激素为主，也有少量雄激素。女性血液中睾丸酮约为男性的1/6。

（2〉除了性腺、睾丸、卵巢分泌雄、雌激素外，肾上腺也能分泌雄性激素和雌性激素。男女的体毛是靠雄激素来维持的。调节失衡会出现多毛或无毛现象。

（3）青春期前身高只由生长激素和甲状腺素来维持，身高的突增是由睾丸酮增加引起的。女性身高还与肾上腺雄性激素有关。

（4）还有其他激素参与协同或拮抗作用。

4. 生殖系统形态及功能的变化

这是人体最后发育的一个系统，重点是性发育及性心理的变化。

（1）男性性成熟的器官是睾丸，其发展顺序是：激素平衡改变→骨骼开始生长→生殖器增大→长出直的阴毛→声音变化→出现遗精→阴毛卷曲→生长达到高峰→生出胸毛、腋毛→声音低沉→长出胡须。

（2）女性青春期的第一信息就是乳房发育，卵巢是女性最主要的性器官。女性性成熟的发展顺序是：激素平衡改变→骨骼开始快速增长→乳房发育→长出直的阴毛→身体生长达到高峰→阴毛卷曲→初潮→腋毛出现。

（四）青少年生理发展障碍

1. 生理发展常见问题

（1）身高过高或过矮。原因有种族、遗传、营养、经济水平、体育锻炼、疾病、社会经济、战争、发育的早晚等。一般来说，世界文化中，都期望男性愈高愈好，身材不高的男生通常面临很多困扰。女性身高被社会容纳程度较大，但成年女性身高超过男性也会带来压力。各种文化中的男性通常不太喜欢与比自己高的女性交往，但特殊行业例外，如时装模特。

（2）身体过胖或过瘦。同等情况相比，女性比男性更注意自己的体重。由于女性发育较男性早，再加上脂肪沉积，青春期女性身材轻度发胖属正常生理现象。产生肥胖症的青少年常常伴随许多心理问题。同样，体重过轻也会形成烦恼，大多有自卑心理，男性怕别人说自己没有男子汉气概，女性怕说自己胸部不丰满等。同等情况，太瘦的男性比女性面临的困难更多。

（3）青春痘（痤疮）的问题。易发生在16—29岁的青少年身上，大约80%的人在此期间会患痤疮，形成原因有内分泌影响、毛囊阻塞、细菌破坏、皮肤发炎、免疫功能失调等，主要长于面、胸、背部。目前没有彻底的根治办法。

（4）青年期各种病痛。有头痛、牙痛、感冒、胃肠不适、近视眼等，以头痛常见，其形成的原因有心因性、血管性、症状性，有的是生理性，以女孩多见，如神经官能症。

2. 生理发展障碍的指导原则

（1）适当的改善营养，不要暴饮暴食，也不要过度节食，多增加蛋白、蔬菜、水果等饮食。

（2）适当的锻炼身体，既可减肥又可塑身，还可以缓解心理紧张，减轻症状。

（3）心理咨询，认知自己的心理状态，发挥身体优势，以补偿自己生理缺陷或不足。

（4）保证睡眠，有良好的休息，才能有良好的精神状态。

（5）改善人际关系，让大家更好地适应你，使你感到不孤独。

（6）较严重的生理障碍，排除器质性病变，可进行手术及药物治疗等。

二、青少年生理健康教育的途径

青少年的生理健康是其学习、工作和生活的基础，加强青少年的生理健康教育需从家庭、学校、社会三个层面进行努力。

（一）加强学校生理健康教育的功能

加强学校生理健康教育的功能，首先要建立完善体育课程的建设，并建设一支高质量的健康教育教师队伍。其次还要注意科学地安排一些健康知识讲座。除此之外，要引导青少年积极参加课外体育运动。课外体育活动是学校体育工作的重要组成部分，是实现学校体育目的和任务的重要途径之一。它与体育课是同一层次的两个方面，它们既互相联系，又各自独立存在。单靠每周一两次体育课是解决不了问题的，主要靠经常性的课外体育活动。为此要做到三点：一是重视青少年的课外体育锻炼；二是利用体育竞赛活动来吸引更多的青少年参加课外体育锻炼；三是加强对女性青少年体育兴趣的培养。许多女性青少年往往对体育锻炼不感兴趣，为此，学校要特别重视这部分群体的身体健康，激发她们积极参加体育锻炼的热情和自觉性，增强她们的参与意识。

（二）全社会参与提倡、保障青少年的生理健康

1. 全社会营造健康氛围

一是积极营造良好体育锻炼的氛围。青少年承担的社会环

境压力过大，间接影响了体质健康。比如，近年来，大学生就业形势严峻，许多大学生为了能在社会上更好地占有一席之地，将主要的精力投入到学习中去，“导致他们没有充足的时间参与体育锻炼，去关注自身的健康状况”。为此，全社会要更多地关注大学生健康成长，帮助大学生解决一些实际问题，保证大学生有更多的时间投入到体育锻炼。

二是全社会要更多地关注贫困家庭青少年的健康成长，形成良好的助学帮困氛围。不仅保证贫困青少年完成学业，而且要帮助他们改善营养状况使其全面发展。虽然国家设立了助学金，其目的是更多地帮助贫困青少年解决温饱问题，但许多贫困生还有不少其他的费用支出，往往将助学金挪作他用，以致出现营养不良和偏食等问题，不利于贫困生的生理健康。为此，社会各界人士要多献爱心，多关心贫困青少年的成长，为国家的人才培养营造良好的助困氛围。

2. 构建应对环境污染的健康保障体系

一是加强环境保护的宣传力度。搞好环境保护，关键在于增强全社会的环境意识和环境公德观念，要进一步加强环境保护的宣传工作，以引起全社会对环境保护工作的重视。各级组织要坚持正面宣传教育为主，使爱护环境、保护环境成为广大人民群众的自觉行动。高校应将环保宣传教育作为提高青少年文明素质的一项重要任务，不断增强青少年的环保意识。

二是加强环境保护的执法力度。各级政府及有关部门要严格把控好建设项目的立项审批关，所有建设的项目必须要经过环保部门的审查，凡是有污染问题的项目一律不得办理相关手续，严格控制新污染源的产生。环保部门要加强执法，对污染的项目要提出整治，加快治理进度，努力控制和减少污染物的排放。对一些严重危害人类身体健康的企业要及时关闭，对已产生污染，造成严重后果的企业，应依法追究相关的责任

三是建立健全健康保障基金。国家要尽快制定和完善社会

保障法和环境保护法，为开征社会保障税和环境保护税提供法律依据，尽早建立健全健康保障基金。同时，理顺各方权责范围，明确财政、税务、社保、审计等各部门之间的关系，使健康保障形成相互协调、相互配合、相互制约的新机制。明确相关机构的职能定位与合理分工，确保健康保障基金的规范管理；加强行政监督和社会监督，强化对政策执行情况和各级保障基金收、支、管、投的全过程监管，严格依法运作，向社会公布基金财务状况，确保公开、透明、安全和高效，使监督制约机制规范化和制度化。

3. 完善青少年医疗保障体系

在计划经济时代，青少年上学不用交学费和住宿费，国家还给一定的助学金，患病住院国家负责医疗保障。大学扩招后，由于青少年在校人数急剧增多，青少年原有的相关待遇逐渐被取消，医疗待遇更是无法解决。这些年，一些青少年在校期间患病或发生伤、残事故，往往给家庭带来沉重的负担，一些家庭出现了青少年因病致贫的现象。

青少年作为社会建设的后备人才，政府理应关注他们的医疗保障体系建设。目前，青少年的医疗保障主要有三种方式：一是一般高校都参保了校方责任险，青少年因学校的责任受到伤害或损失，由相关的保险公司给予赔偿；二是部分地方政府将青少年的医疗保障纳入地方居民医疗保险之中；三是部分高校学生参加商业医疗保险。从现实情况看，一旦发生青少年伤害事故，青少年自身往往还要承担许多费用，现在许多医药都不在医保范围内。如果出现严重的病情，青少年需自理的费用是不可预测的。

因此，政府应完善青少年的医疗保障体系，除上述已建立的保障体系外，还需筹集青少年重大医疗和伤害基金，出台相应的政策，专款专用，统一账户。总之，政府应通过各种渠道不断完善并解决青少年的医保问题，从而保障青少年的健康成长。

（三）家庭对学生体质健康的教育

1. 加强对孩子营养饮食的教育

青少年是一个特殊的群体，其特殊性就表现在他们处于发展、成熟的阶段，需要拥有强健的体魄，所以充足、合理的营养对他们显得尤为重要。由于每个个体有其特殊性，作为父母对自己孩子的饮食结构、营养情况最为了解，因此父母有必要根据孩子的特点教育他们合理安排饮食结构。每日应摄入多少合适的营养素，应有一个参照标准。许多国家和地区都制定了自己的供给量标准，以作为群体营养评价的依据。中国营养学会修订的"每日膳食中营养素的供给量标准"（又称 RDA）可以参考。

2. 教育孩子从小养成良好的生活习惯

俗话说，习惯成自然。这就说明，在自然状态下不假思索、不用意志去控制形成的行为就是一个习惯，是一个习惯的表现形式，这是一种力量的所在。养成良好的生活习惯，需要家长从小教育、督促子女。

一是教育孩子制定好作息时间。一般家庭都需要制订一个作息时间，使子女形成良好的生活习惯和生活规律，如什么时候吃饭、什么时候洗漱、什么时候娱乐、什么时候锻炼、什么时候睡觉等。许多青少年由于从小没有养成良好的生活习惯和生活规律，到大学以后自主能力又很差，生活得很糟糕。如一部分青少年夜生活丰富，夜里睡眠时间少，导致白天上课无精打采，昏昏欲睡，严重影响到课堂的学习效率。事实上，睡眠有明显的两大作用：恢复身体功能和保证大脑休息。睡眠对人们的心理、生理调节至关重要，营养的吸收、心肺的功能、神经系统机能调节等都需要有充足的睡眠时间作保证。可见，家长要帮助孩子从小养成良好的作息习惯，使其生活有规律。

二是督促孩子养成良好的卫生习惯。卫生习惯包括两个方面：个人卫生习惯和公共卫生习惯。在个人卫生习惯方面家长应从小培养孩子爱清洁、勤洗手、洗头、洗澡、洗衣物，不乱吃脏东西等等。在大学校园里，常发现一些青少年的个人卫生习惯很差，如有的青少年不时地吮指头；有的青少年常不刷牙；有的青少年臭衣袜不洗，使寝室充满着一股酸臭味等。在公共卫生习惯方面，青少年要有环保意识，不随地吐痰、不乱扔垃圾，保持自己周围环境的整洁，不损坏绿化等。公共卫生习惯也要孩子从小养成，家长应从习惯养成的价值、对人生的作用来认识卫生习惯养成的重要性，督促孩子养成良好的卫生习惯。

3. 普及生理健康知识，使孩子安全度过青春期

近年来，我国青少年性发育明显提前，而性心理发育却相对滞后，青春期往往在孩子们毫无思想准备之时就已来临。面对现实，家长们谈“性”色变，学校的传统教育也无良方，黄色书刊、音像、网上资料由此有空可钻，造成严重的不良后果。事实上，父母从小向子女普及生理健康知识，特别是青春期显得更重要。

一是普及生理器官作用的知识。孩子出生后，父母就经常接触子女的身体，有着天然的肌肤之亲。父母要充分利用这时期，向子女普及人类身体上一些器官的作用，告诉子女这些器官与人之生命的关系。当然，对于人体器官的深奥知识，比如如何使器官健康成长、富有生命力等，许多父母不可能都知道，但父母在孩子的成长过程中，可以引导孩子通过书籍等途径去了解、掌握相关的知识。父母向子女普及生理器官的作用，其目的是让子女珍爱自己身体的每个器官，这些器官与自己的生命有着千丝万缕的关系，任何一个器官的坏死都可能影响自己生理的健康状况。

二是普及一些常见病的预防知识。人一辈子不可能永远无疾病，父母在子女的成长过程中碰上一些常见的疾病，通过医生的医治，往往也能了解到相关疾病的特点、成因、如何预防等知识。在子女小的时候，如上所述，父母要帮助子女养成良好的卫生习惯，帮助子女做好一些常见病的预防；在其成长时期，要告之通过各种途径掌握疾病的预防知识，引导子女自己做好疾病的

防范。近年来,发生的一些流行病,如甲型H1N1流感病毒,人们只要掌握相关的预防知识,如“勤洗手、常通风”就能比较有效地预防甲型H1N1流感的传播。

三是普及性知识。青少年正处于青春期,性发育逐渐成熟是青少年进入青春期的一个明显标志。这一时期,孩子的性意识开始增强,希望了解异性并渴望得到异性的友谊,这是很正常的一种心理现象,也是孩子成长的一种表现。适时对孩子进行性知识教育,引导孩子恰当地与异性交往,这是家长应尽的一份责任。对此,家长不必过于敏感、担心,更不能草率蛮横阻止。当前,一些青少年由于性知识的缺乏,出现了严重的后果。如未婚先孕的大学生妈妈;有些大学生发生宫外孕或怀孕后不清楚,还以为自己发胖了;有些大学生感染性病不知道;等等。面对这些问题,许多青少年不知所措,有些偷偷地去一些地下诊所求治,险些危及生命。事实上,对子女开展性知识教育,父母是最好的老师。母亲要及时告知女儿月经是怎么回事,父母要教育子女如何与异性相处、如何避孕、如何防范性病的传染等。特别是子女发生一些不良后果时,父母不要过多地责备,而是帮助子女正确地应对,避免出现更为严重的后果。[①]

第二节　青少年的心理健康教育

主要是向青少年及时传授维护心理健康的知识和技巧,帮助他们掌握和建立各种积极、合理和有效的心理防御机制,在遭受挫折、心理失衡时,能合理地宣泄情感、调节情绪、调整心理状态;指导、帮助青少年提高社会适应力,提高生活技能,增进自我了解,建立良好的人际关系;培养良好的心理素质,及时防治心理疾病,提高心理健康水平。

① 叶华松.大学生生命教育[M].杭州:浙江大学出版社,2011.

青少年是国家未来的建设者，高校承担着青少年素质培养和健康教育的重要使命。其中，心理素质与心理健康是青少年素质的重要组成部分，也是高校素质教育的关键。构建完整、系统的心理素质培养模式，提高青少年的心理健康，使其适应社会发展的需要是高校素质教育的根本任务。

一、青少年期的心理特点

（一）青少年的心理发展特点

青少年是一个处于过渡期的群体，其心理的发展正是“暴风骤雨”的时候。他们能够认识自我、体验自我，其自我意识逐步成熟；他们思维灵活、见解敏锐，具有较强的创造性和批判意识，智力水平达到高峰阶段；他们重视友谊、交往密切、注重修养，情感日益丰富多彩；他们能够自觉行动，毅力坚强，能够克服困难，意志品质不断增强；等等，从而促使了青少年的心理成熟和人生观的基本构筑。这些特点集中表现在青少年自我意识的形成和青年心理特征的发展变化上。

1. 青少年自我意识及意义

青少年对自我的认识和理解的发展，使青少年的自我意识有了更深的含义。自我是指个体对自己的理想、情感与态度等的总和，即个体对自己的整体看法。可表现为以下几个方面。

（1）青春期自信心和独立性迅速发展。青春期是人一生中最宝贵、最富有朝气的时期，也是个性形成和发展的重要阶段，出现了成人感，向往独立自主的学习和生活。

（2）更全面、更深刻地关心自己。青少年早期最关心自己身体的变化和形象。女孩最关心的是自己的月经，还关心自己长得漂亮不漂亮。而男孩关心自己能否长高，希望自己长得帅气，等等。他们非常关心自己的前途，能够把自己的前途与国家的需要联系在一起。有一部分青少年还非常关心自己的生活，希望能交一个理想的异性朋友作为终身伴侣；有的非常注意自己在同学当中的形象和气质，有的非常关心自己的身体健康。

（3）自尊心增强。处于青春期的青少年，由于学到的知识日益丰富，各种能力不断增强，并显示出自己一定的才华，在同学中的地位提高了，自尊心明显增强。如果能把自尊心作为自己奋发努力的动力，会使自己的意识不断走向健康、成熟。自尊和尊重别人应是人健康的心理，往往与品质相联系。①

2. 青少年的心理特点

（1）阶段性。青少年本身的特点决定青少年是一个发展阶段，而不是以统一的年龄为依据的，而是以个体的生理、心理和社会三方面成熟程度为标准。青少年期的年龄下限，是从个体性器官的成熟开始，其年龄上限，则以心理与社会发展成熟为止。因此青少年心理的特点，具有鲜明的时间阶段性。

（2）连续性。青少年是儿童与成人间的过渡阶段，尽管其心理有其他独特的品质，但是其心理从心理背景承接了幼年的心理发展的基础，同时，青少年的心理变化又将成为成年人心理演变的最直接的前提条件，心理的发展是一个连续的过程，也可以说是意识流，承上启下。

（3）矛盾性。矛盾性是青少年（包括大学生）最富个体化的特征，也是青春期心理的显著标志。处于青少年期的青年，其身心发展呈不平衡状态，幼稚与成熟、开放与闭锁、独立与依赖、自负与自卑等特点同时并存。这主要是由于青少年的生理发展超前，心理发展相对滞后，而导致主我与客我的矛盾。但是矛盾是发展的结果，同时促进了青少年的发展。

（4）差异性。由于每一个青少年个体发展的生理、自然环境、社会环境、文化传统、教育、营养等多种因素的不同，决定了每一个个体的成长也不是同步的，因此他们的生理、心理发展就会有较大的差异，从而使青少年各具特点。

① 栗庆山，高春梅．大学生健康教育教程[M]．北京：化学工业出版社，2002.

（5）情绪性。由于青少年的神经机制还未完全成熟，其兴奋与抑制常常处于不稳定状态，再加上青少年性心理的发育，使青少年的情绪处于波动状态，有人称之为“情感风暴期”，青少年爱美、喜欢新生事物，追求光明与理想，充满了正直和真诚，但同时又容易出现偏激、冲动、不满、牢骚等急性情绪，使青少年期心理像大海波涛，起伏不定，汹涌澎湃。

（二）青少年心理发展的指导原则

（1）为青少年提供参与的机会。根据每个人的实际情况，为他们创造一些参与社会的机会，如家教、社会募捐、义务劳动、试验小组、社团活动等。

（2）承认青少年内在的潜力。接纳青少年，承认青少年，注重他们积极、优势、特点的一面，以鼓励、引导为主。

（3）培养青少年的挫折意识。让青少年自己去分析自己的缺点，并尝试做一些吃亏、有压力、失败的小试验，使青少年具有一定的承受挫折的能力。

（4）建立自我鼓励的奖励机制。对青少年人有价值的行为给予肯定，同时让他们自己去尝试新的竞争，给自己以鼓励，让他们自己奖励自己。

（5）训练适应社会的技巧。辅导培养青少年以微笑、问候、关怀、谈话、表达等去关心周围的人，从中学会一定的社会技巧。

（6）确立个体化的辅导方式。激励优秀的青少年，带动普通的青少年，关怀帮助落后的青少年，用不同的方法开展不同的辅导。

二、青少年心理障碍的预防与调适

所谓心理障碍，指的是许多不同种类的心理、情绪、行为失常的统称，属于心理学的研究范畴。与发展性心理问题不同，心理障碍通常有更明确的诊断标准。当使用心理障碍这一名词的时候，常常更偏重于说明除重性精神病、器质性以外的，更多由心理原因所导致的障碍，例如人格障碍或者焦虑障碍。与精神分裂症不同，焦虑障碍有着不同的发病机理、不同的病程及预后。前者更多受到心理因素的影响，而后者更多受到生物因素的影响。除非出现诊断方面的失误，焦虑障碍发展的再严重也不会演变成精神分裂症，就好像肝炎再严重也无法变成冠心病一样。

虽然心理障碍不像精神分裂症等重性精神病问题那样难以治愈，但是与很多发展性问题相比，其严重程度更高，对患者的生活、学习等正常功能带来更大的影响。在青少年群体当中，如果不对这一类问题加以有效预防和及时治疗，一方面，会严重影响青少年患者的自我功能发挥，对国家、社会造成极大的损失；另一方面，也会让青少年患者陷入极度痛苦当中，伴发严重的抑郁情绪，甚至酿成自杀惨剧，成为高校学生管理工作的重大隐患。

（一）青少年社交焦虑障碍及其应对

根据 DSM-IV 诊断标准，社交焦虑障碍患者害怕很多社交情境，因为他们或者觉得自己会在这些情境中丢脸，或者担心自己会在别人面前表现不好而尴尬，或者担心在别人面前暴露了自己焦虑的症状。社交焦虑障碍患者会害怕某个特定的，或者是相互联系的某几个社交情境，比如当众讲话，或者在别人面前做一些事情（例如吃饭、打字、写字、演奏乐器等）。通常来说，大部分与人交往的情境（比如聚餐、拒绝别人）及在别人面前完成某些任务的情境（比如开会、讲演、应聘），都是社交焦虑个体所担心和害怕的。而这种恐惧所导致的结果就是回避参加上述社交情境，或是在极度紧张焦虑的情况下强忍着参加。很多人会把那些饱受煎熬的社交焦虑障碍患者看作性格上的内向而加以正常化，认为他们不需要接受系统的心理治疗。然而事实上，人群中大约有 10% 的人（而且还在呈上升的趋势）正深受社交焦虑障碍的折磨，那些看起来非常简单的人与人之间的交往都会使他们极度恐惧，并尽可能地加以回避，极大地影响了他们的职业发展和日常生活质量。一些社交焦虑个体因为惧怕当众表现自己，无法施展自己的才能，得不到升迁甚至找不到工作。社交焦虑个体还可能非常孤独，因为虽然希望能与他人进行交往，但是却逃避和拒绝任何与人接触的机会。

社交焦虑障碍个体头脑中往往充满了负性信念。有研究发现，患有社交焦虑障碍的个体常常产生含有自我贬低性质的想法，他们认为自己的行为是不适当的，或者认为自己的表现缺乏吸引力。他们对自己的社交行为有一套异于常人的苛刻标准，对人际中自身表现出的任何细小差错都难以忍受。除了自我批评之外，社交焦虑个体对他人同样持有负性信念，他们认为，人们内心都是对别人持批评态度的，所以他们从其他人那里获得的一定是一些消极的评价。他们坚信，自己很难达到别人心中的标准。

研究结果显示，社交焦虑障碍多起病于青少年时期，因此，青少年群体是一个不可忽视的高发人群。

虽然社交焦虑障碍并不会给患者带来严重的生理和心理危机，但会影响个体的学业和社会交往，对学生的成长和发展造成不良影响，是应该警惕和重视。数据表明，心理治疗（包括认知疗法、行为暴露疗法、动力学指向的支持心理疗法以及各种放松疗法）对于社交焦虑障碍的治疗具有非常明显的效果。因此，一旦发现青少年当中出现较为严重的社交焦虑障碍，应该首先向其介绍一些相关知识，说明社会生活中可能伴随的消极影响，告诉他们这类问题的普遍性及心理治疗的良好效果，进而推荐其进入心理咨询和治疗中心进行具有针对性的训练和治疗。虽然社交焦虑障碍患者对进入咨询中心，与一名陌生人进行交流多少会产生恐惧，但是如果其症状已经相对严重，对其学习和日常生活造成了较大的影响，那么大部分的社交焦虑个体还是具有很强的求治动机，愿意暂时承担与陌生人交往的焦虑，寻求一种彻底解决问题的方法的。

但是对于学生工作者来说，如何区分社交焦虑障碍患者与正常的内向性格个体，可能是一项相对困难的任务。总体来说，虽然社交焦虑个体和内向安静性格的个体都会拒绝社交活动，在人际交往中表现出回避和排斥，但与内向的人不同的是，社交焦虑个体的回避和拒绝并不是因为不喜欢交往，而是惧怕交往。因此，同样是在不得不参加的社交活动中，性格内向的人虽然不一定积极主动，但是会表现得比较自然和谐，而社交焦虑个体则会显示出紧张的状态，逃避与别人发生目光接触，也害怕别人的关注，显得非常局促不安。

（二）青少年边缘型人格障碍及其应对

边缘型人格障碍患者通常具有如下症状特点。

（1）他们通常具有极其不稳定的情绪，难以调控自己的抑郁、焦虑和愤怒的情绪状态。

（2）边缘型人格障碍患者在行为调节方面存在很大的问题，表现为经常出现极端的冲动行为。此类群体经常企图伤害、毁损甚至杀死自己，也会有实际的自杀行为。

（3）边缘型人格障碍患者在认识调节方面也有困难。简单地说，压力情境有时会导致边缘型人格障碍患者出现一些精神病性的异常想法，比如人格解体、分裂及错觉（包括对自我的错觉）。

（4）此群体普遍存在自我感知方面的困难。边缘型人格障碍患者经常报告说他们根本感觉不到自我，觉得空虚，不知道他们自己是谁。

（5）这些个体在人际关系上存在严重问题。他们的人际关系常常混乱不堪，充满紧张和困难。尽管边缘型人格障碍患者的人际关系非常糟糕，但是他们往往会不遗余力，甚至近乎疯狂地努力阻止某个重要的人离开自己。

据美国心理治疗中心的调查研究结果，符合边缘型人格障碍诊断标准的来访者当中，70%—75% 的人有过至少一次的“仿自杀”行为——也就是那些蓄意的、剧烈的或无自杀意图的自我伤害行为，包括企图自杀和自我毁伤行为。尽管很多这样的行为没有致命的结果，但根据调查结果，有 10% 的边缘型人格障碍患者最终实施有目的自杀，自杀成功者占人群的7%—8%，并且自杀行为主要发生在此类患者的青少年人群当中。

尽管有一些药物可以暂时缓解边缘型人格障碍患者的情绪困扰、冲动性或是感觉调节能力，但是鉴于边缘型人格障碍患者在很多心理层面都出现严重的调节困难，很难有一种药物可以充当万能灵药。另外，边缘型人格障碍患者是典型的不服从治疗安排的病人类型，他们极有可能滥用或过量使用诊断药物，从而出现药物中毒或是非预期性结果。考虑到这些情况，很少有心理治疗师会推荐依靠药物来治疗边缘型人格障碍患者。

虽然边缘型人格障碍通常是在幼年就已经形成，并不高发于青少年阶段，但是由于其所具有的冲动性、情绪不稳定性，以及经常自伤、自杀的特点，常常成为心理治疗师最头疼的病人。而考虑到处于大学当中，缺乏父母的监管和保护，因此，这一类患者将成为我国高校当中最不稳定、最具威胁性的因素。

边缘型人格障碍的患者会不断出现自伤、自杀的行为，以此来缓解内心的痛苦，引起他人的关注。由于这一类患者几乎都在幼年连续经历了长时间的创伤，自我恢复能力较差，很难在短时间内发生改变。因此，学生工作者在遇到这一类的患者时，除了建议长期接受心理治疗的帮助之外，也需要做好长期关注和看护的准备，不能寄希望于凭借药物或是住院治疗在短期内解决其根本的问题，或是对其放松警惕。

国内外的相关研究数据表明，由于社会压力不断增大，离婚率持续增长，越来越多的儿童在童年甚至婴幼儿阶段遭受到与父母分离的重大创伤，而这种创伤及之后长时间缺乏关爱，缺少稳定的依恋对象，会让越来越多的儿童逐渐发展为边缘型人格障碍。这一现象正发生在高校大学生人群之中，因此，高校相关部门应该做好充分的思想准备，提高警惕，留意辨别周围可能出现的边缘型人格障碍患者，同时做好对已经发现的边缘型人格障碍患者的治疗工作。

三、青少年心理健康教育的途径

学校应该针对青少年的心理发展特点，把握身心发展规律，对青少年的心理健康进行系统科学的指导和帮助，优化青少年的心理素质，使他们成长为社会需要的合格人才。

由于影响青少年心理健康因素来自社会、家庭、学校及学生自身的身心状况等方面，青少年心理健康的维护也需要引起学生、家庭与社会的关注。重点是青少年要关注个体心理健康，做到心理健康的自我维护，学校要开展有效的心理健康教育，社会、家庭协调努力，共同提高青少年的心理素质。为此，在增进青少年心理健康方面应做好以下几方面的工作。

（一）加强青少年自我心理保健

为了保持良好的心理状态，学会有效地解决可能遇到的各种心理问题，除了学校加强心理健康教育外，青少年自己也必须注意心理保健问题。

1. 自觉学习心理健康知识

由于种种原因，心理学知识在我国一直缺乏必要的研究和普及，学生从小学、中学到大学缺乏系统的心理健康教育，以致大学生在心理健康方面存在许多认识上的偏差。比如，有不少大学生只注意身体健康而忽视心理健康，或对心理健康标准片面理解，认为心理健康就是没病，只有患精神病的人才是有心理问题等，这对大学生的发展极其不利。

要消除这些认识上的偏差，青少年必须自觉地、主动地学习心理健康知识，了解自己心理活动的规律和特点，认识心理健康的意义和标准，掌握心理调节的方法等。学习心理健康教育知识可以通过自学，如阅读有关心理学书籍，也可以选修学校开设的应用心理学类课程，或者听相关专题讲座，参加学校心理学教育机构开展的各类培训活动。

但要注意两点：一是要明确读书的目的。读心理学的书，了解心理健康知识，只有目的明确，才会使阅读有成效。如果有人说因为内心不安，所以要读心理学的书，这种目的是很模糊的。明确的读书目的应该是，我是为战胜内心的不安，为了更好地改变自己，发展自己。只有这样，才能从书中得到好处。二是要避免盲目对号入座。虽说借助心理学的书籍来认识自己，包括认识自身可能存在的问题，是一条非常重要的途径。但在现实中，有的人读书经常会不自觉地“对号入座”，或觉得自己像得了焦虑症，或觉得自己可能有同性恋倾向等，并常常为此恐慌不安，以致严重影响到他们的学习和生活。这样读心理学的书不但不会获得有益于健康的知识，反而会增加心理上的负担。另外，即便自己真的有一定的心理问题，也并不是什么可怕的事情，而是可以通过多种方式来调整的。越是担心、害怕自己可能有什么心理问题，越容易在书中“对号入座”，使自己陷入困境而不能自我解脱。①

2. 进行积极的自我调整

掌握一定的心理健康知识，对青少年朝着积极、健康的道路发展是十分重要的。同时将理论运用于实践，运用恰当的方法进行积极的自我调整，维护和保持心理健康更为关键。作为青少年，应注意以下几个方面。

（1）认识自己，接纳自己。青少年已经开始走向成熟，自我意识已基本建立，对他们来说，最重要的教育是自我教育。心理学家发现，许多人并没有很好地了解自己，他们对自己的估计或过高，过于自信，表现为“自我感觉良好”；或对自己评估过低，过于自卑。这两方面都会对人的心理造成不良的影响。因此，青少年要学会从多方面、多途径了解自己。另外，在认识自己以后，还必须接纳自己。因为人无完人，每个人身上难免存在一些不足与不完善的地方。如果因为这而不认同自己，也会对自己的心理造

① 夏小林，李晓军，李光．大学生心理健康[M]．杭州：浙江大学出版社，2011.

成伤害。[①]

（2）积极的人际交往。与人交往，是身心健康的需要。青少年应积极主动地进行人际交往。在人际交往中，有两点要注意：一要注意对他人的期望不要过高。如果在交往中对他人存在过高期望，一味要求别人如何，会使自己倍感失望，甚至抱怨别人，使自己的心理平衡受到干扰。二是不要盲目与人竞争。青少年大多心高气盛，精力充沛，才智聪明，在这样的群体中，免不了争强好胜。但处处与他人竞争，难免遭到失败，自我产生挫折感，心理上承受过大压力。因此，与人交往，心情应是平和的。

（3）学会调整自己的情绪。青少年处于青春期，许多学生情绪常处于不稳定状态，容易受外界的影响，爱感情用事，情绪常大起大落。要维护心理健康，学会调控情绪，首先要学会恰当的宣泄方式，如向同学、老师、朋友等倾吐自己的烦恼，这样可以减少内心压力。其次要积极培养自己的各种兴趣、爱好，参加有益的娱乐活动，消除由于长期学习造成的紧张与疲劳。第三要学会宽容，宽容自己和他人。不肯宽容别人的人既容易遭他人怨恨，也往往使自己的身心受到伤害；不肯宽容自己的人则容易使自己整天处于自责、悔恨中，难以自拔。学会宽容是保持良好情绪状态的较好方式。

3. 寻求心理咨询帮助

除了进行有效的心理健康知识的学习和自我调整、自我实践之外，保持和维护心理健康还有一项非常重要的措施，即求助心理咨询。

提起心理咨询，青少年中对其理解可能存在一定的差异性。有的人认为它不过是近似朋友之间的聊天；有的可能觉得它是思想政治工作的又一种变形；有的可能认为有病的人才会去咨询等。其实心理咨询对青少年健康成长的作用是巨大的，随着心理咨询在高校逐步开展，它已成为青少年学习生活中不可少的

① 郑航月，夏小林．大学生心理健康教育［M］．重庆：重庆大学出版社，2018.

支柱。

青少年在求助心理咨询过程中，要想能有所成效，必须注意以下问题。

首先，要有强烈的求询愿望。只有自己感觉有心理不适并愿意主动向咨询人员诉说和寻求帮助的人，才容易从心理咨询中获益。迫于别人的催促而被迫来咨询的人，咨询中不愿意深入谈论自己心理问题的人，被认为有心理问题约请来的人，由于处于一种被动状态，必然影响咨询效果。所以，若去心理咨询，自己先要有强烈的求询愿望。

其次，要有接受挑战的充分心理准备。去心理咨询，很大意义上表明来询者放弃“我很好”这个自我形象，可能要承认在某些方面“我不行”“我缺了点什么”“我怎么变得更好”等。放弃原来的自我，对自我的否定，对许多青少年来讲是很痛苦的。这也无疑是一种新的挑战，因此，要去心理咨询，必须要有心理准备。有些人难以下决心去咨询或把咨询坚持下去，这也是一个很重要的原因。

再者，要明确来询者在咨询过程中不是被动的。咨询时，来询者完全可以自由和毫无顾虑地谈论自己的问题，咨询者只是提出自己的建议，最后如何行动，要尊重来询者的意愿，要经过双方的相互探讨达成一致。因此，来询者不是处于完全被动和受操纵的地位。如果抱着咨询者怎么说，我就怎么做的想法，觉得咨询无须自己思考，只想从咨询者那里得到现成的答案，得到灵丹妙药，那就难以使来询者真正成长。[①]

最后，不要企求一次解决问题。心理咨询是一个过程，来询者的问题大多不是一两天形成的，往往经过很长时间的积累，甚至可追溯到幼年时期，特别是有些问题比较复杂、严重，不是几次咨询就能解决的。咨询者要通过各种咨询方法，帮助来询者分析自己的成长经历，寻找产生问题的原因，逐步引导来询者建立正

① 夏小林，李晓军，李光．大学生心理健康[M].杭州：浙江大学出版社，2011.

确的认识观念、行为方式,解决自身的问题。

(二)建立四级心理保健与预防网络

为完善心理健康教育机制,更好地开展青少年心理健康教育工作,使心理健康教育更加贴近实际,贴近生活,贴近学生,根据国家有关文件的规定和青少年心理健康工作的需要,构建学校、系、班级、学生寝室四级心理保健与危机干预的网络系统。[①]

第三节　青少年的行为健康教育

良好的行为习惯和生活方式是维护身心健康的重要保证。在青少年中开展行为健康教育的重点在于指导青少年养成良好的行为习惯,以减少各种身心疾病的发生。如通过戒烟教育,帮助青少年戒除吸烟的不良行为习惯,降低或消除主动或被动吸烟对青少年健康的危害。

一般来讲,影响健康的因素有四大类:生物遗传学因素、环境因素、生活方式因素和卫生服务因素。其中以生活方式因素对健康的影响最为突出。生活方式是指人们在日常生活中习以为常的生活行为和习惯,这些人们自身的饮食行为和生活习惯会给个人、群体乃至社会的健康状况带来直接或间接的有益或者有害的影响。除了遗传因素外,专家们发现不良行为和生活方式给个人、群体乃至社会的健康带来的危害具有潜袭性、累积性和泛影响性的特点。

一、吸烟与健康教育

众所周知吸烟有百害而无一利,世界卫生组织也明确指出,

① 郑航月,夏小林.大学生心理健康教育[M].重庆:重庆大学出版社,2018.

任何形式的烟草制品对人类健康都是有害的。我国是全球最大的烟草生产和消费国。吸烟已经成为影响人类健康最为主要的自身不良行为。尽管如此,相当一部分人包括青少年还在吸烟。

(一)烟草及烟雾中的有害成分

烟草中含碳水化合物、含氮化合物、有机酸、脂类等,这些物质经燃烧变成有害物质,随烟雾被吸入体内或释放入空气中。据报道,烟气中有400多种有毒化学物质,主要包括:

(1)焦油。烟气中焦油是威胁人体健康的罪魁祸首,烟焦油中的多环芳烃是致癌物质。烟焦油中的酚类及其衍生物则是一种促癌物质。

(2)放射性物质。烟草中的放射性物质也是导致吸烟者肺癌发病率增加的因素之一。

(3)尼古丁。尼古丁作用于肾上腺,使分泌的肾上腺素增加;导致心率加快,血压上升,心脏负担加重;还可使平滑肌收缩而引起相应疾病;还具有成瘾性。

(4)一氧化碳。一氧化碳进入肺内,经肺泡弥散入血液,与血液中的血红蛋白迅速结合,形成碳氧血红蛋白,减少了血红蛋白与氧的结合,使血液携氧能力相对降低,机体出现缺氧表现。

(5)醛类。醛类抑制气管纤毛摆动,影响分泌物从肺内排出,从而引起慢性支气管炎和肺气肿。

(二)吸烟对人体健康的危害

1. 对神经系统的影响

国外某研究机构的一项研究结果表明,吸烟者的智力比不吸烟者低。长期吸烟就会感到精力不集中,甚至出现头痛、头昏现象。久而久之,必然会影响学习和工作,使学生的学习成绩下降。

2. 对呼吸系统的影响

当烟雾带着有害的烟尘微粒和有害物质进入呼吸道时,毒物可以损害呼吸道黏膜上的纤毛，使纤毛运动能力减弱，不利于外来异物及分泌物的排除；同时毒物损害肺的吞噬能力。最后导致慢性支气管炎、肺气肿、肺心病甚至肺癌。

3. 对心血管系统的影响

吸烟是导致心血管病的因素之一。吸烟者患病率为不吸烟者的2—3倍。因为在烟草燃烧的烟雾中，一氧化碳含量可高达3%—5%，如果一氧化碳进入血液产生大量的一氧化碳血红蛋白，可高达4.5%（正常0.5%—0.7%）。由于一氧化碳同血红蛋白的结合力比氧大260倍，因此就减少了氧同血红蛋白的结合，从而减少了各组织的供氧量，人就会因缺氧而出现头昏脑胀、恶心不适，产生煤气中毒的症状。特别是心肌的氧供应不足，导致心肌缺氧、功能降低、更加重全身缺血缺氧。一氧化碳所造成的缺氧，可损伤动脉内皮使血管的渗透性增加，使血小板聚集和脂质沉着。促进动脉粥样硬化病的发生。

吸烟时烟雾中的尼古丁进入肺泡和血液循环，能使血中儿茶酚胺升高，心率加快，血压升高，并可损伤动脉内皮，使血液黏稠度增高，血液循环受阻，从而诱发心肌梗塞及中风等症。

4. 对消化系统的影响

吸烟可使唾液、胃液分泌增加，促进消化道运动加速，并削弱黏膜的抵抗力，烟草中的尼古丁还能使幽门括约肌松弛。所以，长期吸烟者可助长胆汁返流。胰液中的磷脂酸A与胆汁中的卵磷脂相互作用形成的溶血卵磷脂，具有极强的黏膜损伤作用，时间长了可引发胃炎，逐渐发展形成溃疡。

5. 对生殖系统的影响

生殖医学专家调研得知吸烟可导致男性性功能减退，女性吸烟可引起痛经、月经紊乱、雌激素低下、骨质疏松以及更年期提前，不易受孕、流产、早产、胎儿畸形。

6. 被动吸烟的危害

吸烟对本人有害已众所周知，而不吸烟者，若在受烟雾污染的环境里同样受其危害。不吸烟的人暴露在烟雾中，最常见的是眼部刺激症状，此外有头晕、头疼、鼻刺激及咳嗽等，一些哮喘病人可因对香烟过敏而导致哮喘发作。患有心肺疾病的人受害更大，有时可诱发心绞痛或呼吸困难加重。

（三）预防及控制

1. 做好控烟宣传

烟草广告误导人们产生健康、财富、朝气、成熟世故的联想。学生对吸烟有害健康的认识程度低，识别力差。而烟草滥用作为个人行为，常起始于青少年时期，其具有的成瘾性可使吸烟行为持续贻害终身。尽管青少年烟草成瘾率低于社会青年，但较高的尝试性吸烟率可转化为成人期高瘾者和疾病率。因此，高校的控烟行为对保护未来知识分子的健康、发展生产力均显示重要性和迫切性。

青少年应具有与其文化水平相当的卫生保健素养。在了解吸烟对人们的诸多危害后，提高对烟草这种软性毒品的心理免疫力，在面对他人宣传香烟如何提神解乏、如何显示精于世故的“善意”、劝你吸烟时能坚定地说“不”，拒绝烟草。

青少年应积极参与控烟活动。应将吸烟有害健康的知识传播到家庭、社会，做到自己不吸烟、劝说他人戒烟，从而减少无辜人群被动吸烟，使我们周围的空气更洁净，人民更健康，民族更兴旺。

2. 戒烟

人们所说的烟瘾只是一种嗜好和习惯。如有的人饭后写文章或闲聊时总爱吸烟，这是一种精神心理反应，实际上是条件反射，所以想戒烟并不难，主要需要的是决心和毅力，只要充分认识到吸烟的害处和戒烟的好处是完全能够戒掉的。

二、饮酒与健康教育

依据摄入酒精的程度，饮酒分为适量饮酒与过量饮酒两种，后者又称酗酒。酗酒是诱发疾病的主要因素之一，对人的身心健康、行为甚至生命危害极大，同时会给家庭和社会造成严重的不良影响。

酒的化学名叫乙醇。它在体内可直接被胃肠黏膜吸收而进入血液，饮酒后 1—1.5 小时，血液中的酒精浓度达到最高峰。酒精绝大部分（90% 左右）在肝脏内氧化分解变成乙酸，最后在各组织细胞内进一步氧化分解为二氧化碳和水，10% 经过尿液、呼吸和汗腺分泌排出。而肝脏处理酒精的速度是有限的，每小时大约能处理 6—7 克。

（一）酒对人体的危害

1. 损害中枢神经

酒精最主要的作用是抑制大脑的最高级功能。酒精并不是一种中枢神经系统的兴奋剂，它的作用同安眠药、全身麻醉药一样，只不过其麻醉前期很长。酒精首先抑制中枢神经系统的理智部分，故饮酒者表现得粗鲁直率易感情用事，说话滔滔不绝，这是酒精中毒的第一期即兴奋期；酒精进一步抑制大脑的功能就会使动作笨拙，举步不稳，语无伦次，哭笑无常，这是酒精中毒的第二期即共济失调期，进入体内的酒精如再增加，就会使饮酒者进入昏睡期，大脑皮层进一步被抑制甚至皮层下的中枢也受到抑制，便会死于呼吸麻痹。长期饮酒，首先可致大脑的损害，引起精神神经改变，智力下降，记忆力减退，判断和理解能力降低，有的还出现手、舌的震颤，甚至有精神症状。①

① 赵晋湘，蒋新龙．大学生健康指南 [M]. 长沙：湖南教育出版社，2007.

2. 对消化系统的影响

（1）急性胃炎：一次大量饮酒或饮烈性酒可直接引起胃黏膜上皮细胞损伤和破坏，导致黏膜水肿、糜烂和出血。

（2）酒精性肝病：饮酒后乙醇通过小肠吸收入血，90%需经过肝代谢。如长期饮酒，代谢过程中，通过乙醇本身和它的衍生物乙醛可使肝细胞反复发生脂肪变性、坏死和再生，而导致酒精性肝病，包括酒精性脂肪肝、酒精性肝炎、肝纤维化和肝硬化。

（3）酒精性胰腺炎：乙醇及其代谢产物对胰腺腺泡细胞和胰腺小管上皮细胞的毒性作用，可引起胰管阻塞，胰管内压力增加，从而损伤胰腺细胞，使胰酶成分在胰腺内被激活，引起自体消化而发作胰腺炎。据报道，在西方国家因酗酒引起的胰腺炎占胰腺炎病因的35%。[①]

3. 危害心血管系统

饮酒可引起心血管系统一系列疾病，因为它能麻痹血管中枢，使血管扩张，体表循环旺盛，从而增加心脏负担甚至引起高血压、充血性心力衰竭、心律失常等疾病。

（1）酒精性心肌病：长期大量饮酒，酒精对心肌细胞的直接毒性作用可造成心肌细胞膜完整性受损、细胞器功能失常、心肌弹性及收缩力减弱，影响心肌功能。

（2）对脑血管的影响：过量饮酒可增加中风的危险。据统计，长期酗酒可使人中风的危险系数倍增；经常大量饮酒的人平均寿命和工作年数都大大缩短。

4. 损害肝脏功能

酒对肝脏的损害最为明显。酒内含有乙醇，乙醇进入人体首先经胃肠吸收进入血液，然后在肝脏氧化并解毒，将其转化成无毒的乙酸再排出体外。过多饮酒必然加重肝脏的负担，长此下去

① 张彦君，刘占春，刘春英，等．大学生健康教育[M]．大连：大连海事大学出版社，2012.

可诱发肝硬化、肝癌。尤其患有各种肝病者更不易饮酒。

5. 致癌

酒可使机体防御能力普遍降低，可以致肝癌、结肠癌。因长期大量饮啤酒会导致铅在体内集聚，血中铅的浓度增高。另外，啤酒在酿制过程中可产生亚硝酸盐等物质，使致癌物质在体内增多，癌症发病率增高。

6. 营养不良

因长期饮酒，胃部充血抑制消化功能，并且酒精能降低小肠对维生素 B_1、B_6 和叶酸的吸收，从而引起营养不良。

7. 危害青少年

有不少同学误认为饮酒与吸烟一样是现代文明的时髦行为，是一种风度，其实错了。青少年饮酒与吸烟一样比成人危害更大。对青少年来讲，最大的损害在于酒精会损害脑细胞，长期饮酒可使智力下降，记忆力减退，理解力降低，严重影响学习成绩。青少年风华正茂正处于生长发育的黄金时期，酒精可致内分泌代谢紊乱，影响器官发育尤其是性器官，可致多种疾病。另外，饮酒还易致意外事故(车祸等)、冒险行为、暴力犯罪行为、意外性行为等。所以，青少年切勿沾染嗜酒的恶习。

8. 对用药的影响

在服用有些药物期间，如果饮酒，会产生严重后果。如服用水合氯醛者再饮酒，可使药物作用加强而危及生命；酒后服用巴比妥类药物可引起昏迷，甚至死亡；酒后服用降压药，则加强了降压作用，会出现严重低血压。由此可见，在服药期间，必须禁止饮用含有乙醇的饮品。

综上所述，长期多量饮酒或一次大量饮酒有害。尤其是处于生长发育阶段的青少年，对酒精的危害更为敏感。同时，他们也容易冲动，易造成酒后闹事。每年学生毕业时都有因饮酒出现急性胃炎或打架斗殴的。还有同学因饮酒后步态不稳，摔倒后引发脑出血。因此,青少年不能饮酒。

（二）预防及控制

适量饮酒可促进血液循环、增加食欲、帮助睡眠。但长期、过量饮酒则为酗酒,危害严重,应有理智的自控力,不过高估计自己的酒量。即使酒量大,也不要饮酒过量。从根本上抵制酒的诱惑。

如饮酒对身体造成了危害,需要戒酒。戒酒的方法很多,如药物戒酒、条件反射法戒酒、喝茶或料逐步戒酒,但最根本的还是靠毅力和决心。戒酒者只有认识到长期酗酒对身心带来的极大危害,才能树立坚定的戒酒意志,才能克服戒酒带来的系列"戒断症状"（如周身无力、饮食乏味、睡眠不佳、精神萎靡、涕泪交流等）。当然,不是所有戒酒者都出现这些症状,有的人较轻,有的人根本不发生任何症状为增加戒酒的成功率。同时还应加强身体锻炼或冷水擦浴,并从事其他多种运动等。[①]

三、网络成瘾与健康教育

互联网是人类20世纪最重要的一项发明,正极大地改变着人类的生产、生活和学习方式。随着网络时代的来临,中国网民数量迅猛增长。

（一）网络成瘾的类型

网络虽不是毒品,但却能麻醉身心。网络使人暂时忘却现实的烦恼和痛苦,获得短暂的安宁与超脱。一旦离开网络,抑郁、焦虑、孤独就将轮番袭来。网络成瘾（Internet Addiction/Online Addiction）是指个体由于对互联网的过度依赖而显现的心理异常症状以及伴随的生理受损的现象,是在无成瘾物质作用下的上网冲动失控,这种强迫行为类似于病态赌博。

① 栗庆山，高春梅．大学生健康教育教程［M］. 北京：化学工业出版社，2002.

网上活动数不胜数,不同网络成瘾者参与不同的网络活动,其满足的需要也是不一样的。因此,把所有的网络成瘾者看成一个特征一致的群体是不恰当的,根据不同的网上活动及其满足的需要,网络成瘾可以分为五大类。

(1)网络交际成瘾。网络交际成瘾是指沉迷于通过网上聊天、交友等,过度卷入网络人际关系中,以虚拟空间的网络聊天室或以网络社区的人际关系取代了现实生活中的亲朋好友,当然也包括网络恋情。上网者每天花费大量的时间,利用各种聊天软件以及网站的聊天室进行人际交流,网上交友、恋爱对心理的影响超过现实生活中的朋友和家人,甚至诱发网络黑交易、发表反动或愚昧言论、网络欺诈等危害行为和犯罪行为。

(2)网络色情成瘾。网络色情成瘾是指对成人聊天室和网上色情作品上瘾,表现为沉迷于浏览黄色网站,下载色情音乐、图片、影像,在线进行色情交易,网络性爱或者进入成人聊天室,以满足那些日常生活中无法满足的性需要或变态的意念等不能自拔。

(3)网络娱乐成瘾。网络娱乐成瘾包括网络游戏成瘾、网络歌曲成瘾、网络电影成瘾,也包括离线的单机游戏等,其中最为典型的是过分迷恋计算机游戏,不可抑制地长时间玩游戏,这在大、中、小学生中是较为普遍的现象。在网络游戏这样一个虚拟的空间里,似乎可以随心所欲,抛开现实生活中的种种束缚。网络游戏中一般都以虚拟的网上奖励作为强化手段。玩游戏成瘾的青少年在现实生活中大都不太如意,虚拟的网络游戏则为其提供了一个堂而皇之的宣泄渠道,使其暂时忘却生活中的角色规则。

(4)信息超载。信息超载是指强迫性的网上冲浪或资料搜索,花大量的时间浏览、搜集网上数据和信息。对于强迫信息收集成瘾者来说,互联网带给他们的不再是快捷方便,而是心理上的困惑、痛苦。①

(5)其他网络强迫行为。网络强迫行为是指一种难以抵抗

① 陶芳标,刘保莉,米浪静,等.大学生健康教育(第2版)[M].合肥:合肥工业大学出版社,2014.

的冲动，着迷于在线赌博、购物、交易等活动，还包括不能自拔地沉溺于计算机程序的编写和网页的制作。

目前，青少年中多数网络成瘾者属于前三类。

（二）网络成瘾的危害

网络成瘾与染上吸毒、酗酒或赌博等恶习很相似，后果都是消极的，而且它的危害程度并不亚于酗酒或吸毒。网络成瘾的危害表现在身体、心理和社会适应等方面。常见的网络成瘾对心理的负面影响有以下几点

（1）自我迷失。网络成瘾者的自我系统中有两个自我，即真实自我和虚拟自我，这两者有时相互冲突，上网时精神兴奋，离开网络就精力不足、思维迟缓、自我评价降低，网上网下两种截然不同的状态有可能导致多重人格问题的出现。

（2）道德规范的迷失。网络中的个体活动几乎不受制约与监督，这为不正当、不道德行为的滋生提供了空间，从而造成网络世界虚假信息的泛滥及不道德现象的发生，如粗言恶语、人身攻击、多角恋、虚拟性爱、色情影视、恶意攻击网络运行（即黑客行为）等。

（3）伴随或诱发心理障碍。长期迷恋网络会产生网络性心理障碍，一旦停止上网便会产生上网的强烈渴求，难以控制上网的需要。这种冲动使其学习注意力不集中、不持久、感到记忆力减退、情绪低落、没有愉快感、学习和生活兴趣减少；精力不足、精神运动性迟缓和激动、自我评价降低、思想迟缓、社交面狭窄、人际关系冷漠。他们整天沉浸在虚拟世界里，面对现实人际交往的复杂性则产生厌恶、逃避、恐惧等心理。久而久之，就会变得更加孤僻，缺乏与人沟通的能力，造成社会适应力出现严重问题。

由于青年学生闭锁的心理特点，他们试图在网上寻求精神寄托。特别是学业不佳的学生，自信心丧失，但是精彩的网络世界却使他们享受到了现实中没有的激情和满足，网络成为他们能舒缓紧张，忘却烦恼，逃避现实的避风港。这种行为只能使其更加

不敢面对现实生活，心里更加闭锁，情绪更加悲观、消极。

（三）网络成瘾的原因

（1）人际交往的需要。青少年正处于社会化的关键时期，他们有与人交往的强烈愿望。但是一部分学生由于性格内向、自卑或缺乏交流技巧，使得他们在现实中很难与人正常交流。而在网络世界里，有广阔的人际交往空间，在线游戏具有强大的互动性，是迄今最大的游戏场和人际交往空间，而互联网开放而隐蔽的聊天室，方便快捷的 QQ 为学生的交往开辟了一块新天地。他们把聊天室当成了交友室，把网友当作安全的交往对象，在这里他们可以尽情宣泄自己的情绪和情感，从而得到了满足和平衡。[①]

（2）自我实现的需要。随着年龄的增长，青年学生自我意识增强，他们渴望成功。在网络游戏中他们体验到了胜利的喜悦和成功的快乐。为摆脱因学习成绩不如意，人际关系缺乏的困扰，网络是他们的最大选择，在网游中得到满足，找到归属感。

（3）新体验的需要。青年人追求时尚，认为现实网络游戏是当代青年的必修课，为了不断寻求新鲜体验和刺激，而尝试新事物。网络是一个虚拟的世界，在这里没有现实道德和规范的约束，加之现实生活的单调乏味，这都是他们迷恋网络的因素之一。

（四）网络成瘾治疗

一旦成为“网络成瘾”患者，很难通过自身努力摆脱其困扰，简单的限制、惩罚、劝说和教育效果甚微，而且网络成瘾者形成的原因各不相同，所以干预措施不能千篇一律。要针对不同个体，从生物、心理、社会三方面着手，采取不同层面的系统干预措施，治疗处理网络成瘾及其合并症。

（1）个体心理调适。与其他类型的成瘾一样，网络成瘾者也需要个体心理调适，这是进行心理干预的第一步，而且要贯穿于

① 王胜炳．大学生健康教育[M]．成都：电子科技大学出版社，2015.

网络成瘾治疗的整个过程。青少年预先有了一定的防范意识,陷入“网潭”不能自拔的现象就会少得多。对于网络成瘾的治疗,首先就是要认识到问题的根源。评估网络成瘾综合征的潜在诱因,学会用自我管理的方法来增强自控能力,增强行为自律能力,在生活、学习实践中不断矫正自己的行为偏差,为其他治疗措施的实施打下良好的心理基础。

①自我反省,寻找自己网络成瘾的原因。

②客观认识到自身状况,产生纠正和调适的主动需求,增强自己的“戒网”动机。

③自我暗示,抑制上网的欲望。要认识到如何管理自己的时间及当前使用网络的习惯,如每周的哪几天经常上网?什么时间段开始上网?通常在什么地方使用电脑?使用哪些特定的网络功能类型?这样不断强化,形成良性刺激,增强自己的意识,使上网的欲望得到抑制。

④不把上网作为逃避现实生活或者发泄消极情绪的手段。每次上网之前自己先定目标,限定时间,不要在网上闲逛,到时间就毫不犹豫地下网。改变原来坚定而又顽固的信念,如“游戏真棒”“再没有比上网更刺激的事了”“何以解忧,唯有上网”等;端正上网的动机,改变对网络的态度,不从感情上厌恶和排斥它,采取“导”而非“堵”的中肯态度,充分认识到成瘾后的严重影响(网瘾发作时使用提示卡)。

(2)系统治疗。网络传播的虚拟性、符号性、交互性使参与主体更容易处于心理非正常状态。因而为保持青少年群体中网络用户的心理平衡,促使网络传播和社会的正常发展,系统正规的药物治疗、心理咨询和治疗变得尤为重要。药物治疗的作用只是调节神经内分泌系统,要防止网络成瘾严重化及其合并症,需要建立长期的治疗系统,配合及时、有效的心理治疗。[①]

个体需要坚定摆脱网络成瘾的信心,坚持配合治疗,在医生、

① 吴经纬.大学生健康教育[M].西安:西安电子科技大学出版社,2016.

老师、家长的关心和帮助下，找出网络成瘾的现实原因，提高自信心，制订行动计划，构建合理高效的认知模式，培养良好的生活规律，扩展积极向上的兴趣爱好，使得生活方式逐渐走上正常健康的轨道，从而摆脱网络成瘾的困扰。

第四节　青少年的饮食健康教育

随着社会的发展和人民生活水平的提高，居民的膳食结构也发生了很大的变化，由单一营养逐渐向多元化营养转变。因此，怎样才能吃的健康已成为居民关心的问题之一。

健康饮食是指全面平衡的膳食。饮食是指我们通常所吃的食物和饮料，人们通过饮食获得所需要的营养和能量，维持自身健康。合理的饮食、充足的营养能提高人们的健康水平，预防多种疾病的发生发展，延长寿命。不合理的饮食、营养过度或不足，都会给健康带来不同程度的危害。

健康饮食应包括两个前提：首先，人体所需要的营养必须主要通过饮食来完成；其次，必须在不超过所需热量的前提下保证充足的营养，即饮食中含有的营养素必须种类齐全，数量充足，比例适当。在满足人体生理状况、劳动条件和生活环境需要的同时，又不会导致热量的过多摄入。满足这两个条件的饮食统称为健康饮食（或称平衡膳食、均衡膳食、合理膳食）。

健康饮食在内容上包括四个方面：健康饮食结构、健康饮食制度、健康食物加工方式和食品安全。健康饮食结构是指一日各餐中各种食物种类和数量的科学组成关系。健康饮食制度是指按营养学的原则，将人每天所需要的饮食营养进行定质、定量、定时分配安排的一种制度，人体对食物的消化吸收和利用有一定的生理规律。因此，在制定健康饮食制度时应考虑到：人体消化系统的生理特点，注意安排好各餐食物的分配比例，根据个人的生活和工作规律调整饮食制度。

在食物加工制作过程中，我们要以健康的食物加工方式进行，做到对食物进行消毒，提高人体对食物的消化吸收率和食欲，尽量减少食物中营养素的损失和避免有害物质的形成。最主要的食品安全问题是由微生物引起的食源性疾病。要做到食品安全，基本的饮食要求是保证食物的干净卫生和新鲜。

合理营养既是健康饮食产生的结果，又是人体健康的物质基础。因此，青少年要通过健康饮食达到合理营养的目标，促进身体健康，提升机体免疫力，减少各种疾病，改善生命质量，提高劳动、工作、学习效率。①

一、膳食营养与疾病的关系

（一）营养缺乏与疾病

在营养不良的人群中，常会使传染病的发病率升高、病程延长、病情加重、并发症与死亡率增加。这是由于营养的缺乏损害了机体的免疫机能，降低了机体对疾病的防御能力，增加了人群对疾病的感染性所致。而感染的同时又能致使机体的营养机能进一步下降，亦使免疫机能进一步损害，故营养状态、传染病和免疫能力三者是互为因果与相互作用的。

（二）膳食结构与疾病

现代流行病学已经证实，某些严重危害人类健康的疾病与不良饮食习惯有密切的关系。现将膳食结构与某些疾病的详述如下。

高血脂症是导致动脉粥样硬化性心脑血管疾病的重要危险因素。血脂包括甘油三酯、磷脂、胆固醇、游离胆固醇和游离脂肪酸，在致病因素上起主导作用的是胆固醇和甘油三酯。

无机盐、微量元素、维生素和纤维素等的摄取量平衡与否，对

① 王胜炳．大学生健康教育[M]．成都：电子科技大学出版社，2015.

心脑血管疾病的发生、发展也有影响。

1. 脂肪摄取与血胆固醇的关系

脂肪摄取总量尤其是饱和脂肪酸的摄取量，与血胆固醇的水平密切相关，而且胆固醇的水平和冠心病的发病率之间又密切相关，膳食脂肪主要促进胆固醇的吸收，因而可使血胆固醇浓度增加。

2. 胆固醇的摄取与血胆固醇的关系

人群调查观察到膳食胆固醇摄入量与动脉粥样硬化发病率呈正相关。但膳食中胆固醇含量对血胆固醇水平的影响小于膳食脂肪影响。正常人每公斤体重含胆固醇2克，每日更新1—2克。血液中的胆固醇一部分来自肝脏内源合成，一部分来自食物。

在蛋黄，动物的脑、肝、肾，牡蛎，鱼子酱和奶油中含有较多的胆固醇。蛋类和动物内脏是通常膳食中胆固醇的主要来源。植物固醇特别是谷固醇结构与胆固醇相似，不仅不易被吸收，且有竞争性抑制血胆固醇吸收的作用。每天给予大剂量的谷固醇3—6克，每日三次，可使血胆固醇明显降低。

3. 糖类摄取与甘油三酯的关系

很多研究证明，糖类的摄入量、种类与冠心病的发病率有关，并提示蔗糖的果糖成分对甘油三酯的水平有明显作用。蔗糖比其他糖类更易于引起冠状动脉血栓形成。因为肝脏能利用食物中的糖类与脂肪组织供给的脂肪酸形成甘油三酯输入血流，从而增加肝的脂质生成作用而升高内源性甘油三酯含量。

4. 蛋白质摄取与血脂的关系

一般来说，蛋白质的摄取不影响血脂，但由于动物性食品中胆固醇含量较高，故最好采用优质植物蛋白质来代替动物蛋白质。从预防心血管疾病角度，保持适当的蛋白质供给量和适合人体需要的氨基酸构成比例。蛋白质中含硫氨基酸不足时，可引起动物血清胆固醇含量过多，并造成动脉粥样硬化的发生。

5. 维生素摄取与血脂的关系

(1)尼克酸。它是强解脂药物,要服用大剂量方有效,每日约需 2—6 克,但此剂量可引起胃炎、情绪不安和皮炎等问题。

(2)维生素 C。参与胆固醇代谢,一般认为有降血胆固醇水平、减缓动脉粥样硬化的作用。在人体中观察到大剂量维生素 C 可降低高血胆固醇患者的血清胆固醇水平。

(3)维生素 E。与脂类代谢关系密切,临床上用维生素 E 治疗动脉硬化症有较好疗效。

6. 无机盐与微量元素摄取对心血管疾病的影响

由于高血压是冠心病的重要危险因素之一,而氯化钠对高血压又有直接影响,因此应控制食盐的摄取量。如作为治疗膳食,钠不应大于 150 毫克,氯不应大于 200 毫克。

(三)膳食与肿瘤

近年来大量的研究资料表明,营养不足与营养过量均与肿瘤的发生有一定的关系。

1. 膳食脂肪与肿瘤的关系

高脂肪膳食与肠癌和乳腺癌的高发有关,已得到了公认,也有人报告高脂膳食与前列腺癌、睾丸癌及卵巢癌的发生有关。

高脂肪膳食影响大肠癌发病的机制,目前比较一致的看法是,高脂肪膳食使肝脏胆汁分泌增多,胆汁中初级胆汁酸增多,在肠道厌氧细菌的作用下转变为石胆酸,成为致癌物质。

高脂肪膳食促进乳腺癌发生的机制,激素是主要因素。雌激素中的雌酮和雌二醇有致癌作用。高脂肪和高糖膳食使人肥胖,人体脂肪组织能将肾上腺皮质激素中的雄甾烯二酮转化为雌酮,促进绝经期后乳腺癌的发生。

2. 维生素与肿瘤的关系

(1)维生素 A。维生素 A 对上皮细胞分化起重要作用,能抑制 DNA 过度合成和基底细胞增生，从而阻止、延缓癌变或使癌前病变恢复。维生素 A 对肿瘤的抑制作用主要是防止上皮组织癌变。

（2）维生素 C。维生素 C 在体内外试验均能阻断 N- 硝基化合物合成，因而对化学致癌可起阻断或预防的作用。又因为维生素 C 能增强机体结缔组织功能和免疫功能故能增强机体对肿瘤的抵抗力。

（3）维生素 E。维生素 E 也能阻断 N—硝基化合物合成，故也有防癌作用，动物试验证明维生素 E 还有抑制一些其他化学致癌物的作用。B 族维生素及抗脂肪肝物质（胆碱、叶酸、维生素 C 等）也有防癌作用。

3. 热量、蛋白质及碳水化合物与肿瘤的关系

（1）蛋白质。许多流行病学和动物实验结果证明，膳食中蛋白质含量较低，可促使人或动物肿瘤的发生，若提高蛋白质含量或补充某些氨基酸，则可抑制动物肿瘤发生。

（2）热量。限制膳食热量可减少肿瘤发生，体重超重的人比体重正常或较轻的人更易患癌症。应该提醒注意：虽然限制热量可以抑制人或动物肿瘤的发病率，但不能考虑用限制热量的方法作为控制人类肿瘤的实际措施。因为限制膳食必然要减少机体的营养供给量，造成机体衰弱，抵抗力下降，肿瘤仍能发展。

（3）碳水化合物。高碳水化合物或高血糖浓度有抑制化学致癌物对动物的致癌作用。纤维素是不能利用的多糖，在体内不能消化吸收，但能促进肠道蠕动，有利于粪便排出，因而缩短了潜在致癌物在肠道的停留时间，可降低大肠癌的发病率。[①]

二、青少年的健康饮食

（一）合理的饮食制度

我国多数地区居民习惯于一天吃三餐。三餐食物量的分配

① 栗庆山，高春梅．大学生健康教育[M]．北京：北京航空航天大学出版社，2017.

及间隔时间应与作息时间和工作状况相匹配，通常一日三餐制的热量摄入比例是：早、午、晚餐所含热量分别为30%、40%、30%，特殊情况可适当调整。通常人们上午的工作学习都比较紧张，营养不足会影响工作、学习效率，所以早餐应该认真地进食。早餐除主食外，至少应包括奶、豆、蛋、肉中的一种，并搭配适量蔬菜或水果。午餐可吃些热量高、花样较多的食品。晚餐要提供十余小时的热量与营养素，所以应提供一些高热量高营养的、制作精细、脂肪含量稍高的食品。

（二）养成良好的饮食习惯

引导青少年养成良好的饮食习惯，注重营养早餐，制定科学、合理的食谱至关重要。

第五节　青少年的运动健康教育

当今，随着经济与科技的快速发展，电气化、机械化、自动化逐渐代替了人体的大部分动作，使人体的运动逐渐减少。而随着人们生活水平的提高，人体内吸收的高脂、高糖、高蛋白又因运动的逐渐减少而积聚增多，从而使人体的正常新陈代谢功能下降，肥胖症、糖尿病、高血压、脑中风、心脏病等的发病率逐渐提高。

体育运动是提高人体免疫功能、抵抗疾病入侵、延长寿命的积极手段。研究资料表明，经常运动的人无论细胞免疫功能还是体液免疫功能都优于一般人。

一、认识到运动健身的误区

大家都在锻炼身体，但能正确地理解锻炼身体也不是轻而易举的事情。不但是刚开始进行锻炼的人，就是已经锻炼了许多年的人，对于怎样锻炼才有效、怎么才能练好等问题也存在着许多误解。要修正这些错误观念，就必须尊重科学、注意学习，才能走出误区。在此仅举几个锻炼误区的实例，供同学们引以为戒。

（一）误区一：只要每天坚持做仰卧起坐，腹部脂肪就会减少

其实青少年小腹部肥胖突出的原因有两种：一是小腹局部脂肪堆积，再就是小腹肌肉薄弱无力，腹腔内脏器官的重力作用于肌肉张力不足的腹壁所致。仰卧起坐对于腹部肌肉锻炼是有效的，但它不能把脂肪融化得无影无踪。还有，只想局部减肥是不现实的，因为当你消耗脂肪时，这些脂肪来源于全身的脂肪成分。因此，要想获得理想的体形，只有坚持经常性的全面锻炼，如长距离慢跑、游泳、骑自行车或爬山等，才能消耗掉腹部的多余脂肪。

（二）误区二：体育运动一旦停止，肌肉就会转化成脂肪

这种认识是错误的。肌肉主要是由蛋白质构成。所以，肌肉不会变成脂肪，就像脂肪绝不可能变成肌肉一样。许多人锻炼停止后发胖的原因，是他们的肌肉因缺乏锻炼而逐渐萎缩。同时，由于他们的胃肠习惯，仍然多饮多食，活动量减少，能量消耗亦少，多余的能量转化为脂肪存在于体内，人体就发胖了。

（三）误区三：觉得某项锻炼有效，就天天都做，多多益善

这也是不对的。因为正是锻炼后的身体恢复期间，肌纤维在进行着我们所期望的增长。一周练三次可能很有效果，但一周练六次的效果却不是练三次的两倍，相反可能还会受到伤害。体育保健学家认为，过度的激烈运动往往容易破坏人体内外运动的平衡功能，加速体内某些器官的严重磨损和一些生理的失调，甚至导致生命进程缩短。因此，要根据自己的实际情况，合理地安排锻炼与休息，并非锻炼有益就过度运动。①

① 邱团，伍建军，黄永标．新编高职高专体育与健康实用教程[M].北京：清华大学出版社，2007.

（四）误区四：雾天锻炼，一样有益于健康

在雾天环境中的锻炼，极易造成有害物质对呼吸系统的侵害，致使机体需氧量与供氧量之间的矛盾增大，产生呼吸困难、胸闷、心悸等不良症状，病原体也会乘虚而入，危害人体健康。所以雾天不宜在室外锻炼。锻炼一般应该选择在没有污染、空气新鲜、氧气充足、林木茂盛、有水有树的地方进行，如公园、河边、树林周围、郊外等地。因为在体育锻炼时人的呼吸次数和深度增加，吸入的空气数量大大增多，如果在空气新鲜、氧气充足、空气中阴离子多的地方锻炼，就能吸入更多的空气中的阴离子，这对心肺功能的改善有利，还可以延缓大脑皮层神经细胞的老化，健身的效果会较好。

二、体育运动应遵循的基本原则

体育运动的原则主要是体育运动客观规律的反映，是体育练习者从事体育运动实践，达到理想效果所必须遵循的基本原则。成功的实践需要科学的理论做指导，健康的体魄是各项活动的基石。在体育运动的过程中，只有正确地理解和运用体育运动的原理，才能使体育运动获得最佳效果。对于参加体育健身锻炼的人来说，要想达到健康的目的，取得良好的锻炼效果，在体育健身锻炼中，必须遵循以下基本原则。

（一）科学性原则

体育运动要讲究科学性，参加体育运动以前，必须对运动者进行健康测量与评价，以了解身体的发育和健康状况，尤其是心血管系统和呼吸系统的机能状况，并根据健康评价结果、个人的兴趣爱好合理地选择运动内容，合理地安排运动负荷、运动持续时间和运动频率。

（二）积极性原则

参加体育运动必须有一个明确的目的才能调动起积极性和自觉性。要提高促进体育运动的积极性，首先要提高对体育的认识，树立终身体育思想，把体育看作是每个人高质量生活的一部分，使体育运动成为健身、健美和延年益寿的重要手段。其次要明确锻炼的目的，一个人的动机决定一个人行动的质量。比如有人是为了更健全的生长发育，有人是为了某些运动技能与成绩的提高，有人是为了调节紧张的学习生活，有人是为了更健美结实，还有人则是为了锻炼意志、防治疾病。[①]

自觉性是指参加体育健身锻炼者对行为目标的追求所采取的一种自觉、主动的行动。大学阶段是人生的黄金时期，在获取知识、心理成熟、身体生长发育等方面都有量变到质变的突破过程，只有真正认识到体育健身锻炼的长远意义和现实作用，才会培养练习和探索的兴趣，从而探索出适合自己的锻炼项目和锻炼方法。

自觉进行体育运动应做到以下几方面。

（1）明确生命在于运动的科学原理，认识体育运动的价值，正确使用科学方法进行锻炼，以取得最佳的锻炼效果。

（2）锻炼过程中意念专一，注意运用心理调整等方法，把精神、身体智慧和心理融为一体。

（三）针对性原则

针对性原则是指锻炼身体应从个人的实际情况和外界环境条件的实际出发，确定锻炼的目的，选择适宜的运动项目，合理地安排运动时间和运动负荷。这是增强身体素质及提高运动水平必须遵守的原则。偏离实际情况，体育健身锻炼就不一定有科学性。因此青少年进行体育健身锻炼应从实际出发，首先应考虑个

① 张溪．新编高职高专体育教程（第 3 版）[M]．北京：高等教育出版社，2012.

人的实际情况。掌握这些情况是科学地进行健身锻炼的先决条件。青少年在进行课外体育运动时,也要考虑自身的具体情况,合理安排体育运动。进行其他体育运动时还要考虑到外界环境的实际情况,如场地器材和服装是否安全卫生、气候是否有利于锻炼等。实践证明,在气候条件较差的情况下锻炼身体,会因人体不适应而对健康产生不良影响,甚至引起疾病。器材不安全也容易酿成重大事故等。[①]

(四)循序渐进性原则

人的身体机能水平随着年龄的增长有个自然增长的过程,并且在不同的年龄,身体素质增长的速度也是不同的。因此在练习时,应循序渐进地安排各类项目。要把体育锻炼纳入日常作息制度中,使之成为必不可少的生活内容。即使因故中断练习,间隔时间也不要太长,否则锻炼效果就会消退,从而降低体质水平。因此,进行体育运动时,学习动作要由易到难,运动量由小到大,运动强度(刺激强度)应由弱到强。同时,还应根据年龄、性别、身体素质水平,因人而异地安排练习的内容,这样才能收到良好的效果。

具体来讲,在进行循序渐进的体育健身时应注意以下几个方面。

(1)力戒急于求成,运动负荷必须建立在符合自己实际情况的基础上,锻炼后有适度的疲劳感受,同时要正确处理运动负荷和强度的关系。对体质较弱和体育基础一般的人群而言,更应严格遵守这一原则。

(2)体育运动并非一劳永逸,如果锻炼间隔的时间过长,锻炼的效果就不明显,因此,每次锻炼的安排间隔要合理。为此,要有长期计划、短期安排,计划安排要根据身体适应运动负荷。

(3)要有恒心,持久锻炼,日积月累,健身益心之效显著。兴趣逐渐产生,达到身心愉快,从而养成经常锻炼的习惯。

---

① 高宁,王斌.大学生健康教育[M].北京:中国商务出版社,2014.

（4）应遵守人体生理机能活动能力变化的规律。每次锻炼时，必须做好准备活动，锻炼结束前，也不能忽视做放松练习，尤其是在晨间和严寒的情况下，更应认真充分地做好准备活动和放松活动，防止运动创伤和产生不舒服的感觉。

第四章 青少年健康管理探究

作为学校基础教育的重要组成部分，青少年健康管理是学生在学校中生活和成长所必不可少的重要内容。青少年健康管理所面向的对象是全体青少年，其主要对当前几乎所有卫生保健问题进行解决。学校健康管理是全面贯彻教育方针的一项创新事业，能够将先进的公共卫生观念体现出来，对青少年全面综合素质的提高也有着积极意义。

第一节 青少年健康管理的认识

健康管理不仅是一种教育活动，而且是有计划、有组织、有系统的一种社会活动。在健康管理中，行为与生活方式的改变不应视为个人孤立的行动，而是受文化背景、社会关系、社会经济状况及个性等因素的影响。在生活方式中，各种行为之间是相互作用、相互影响的，如吸烟、喝酒、酒后驾车等。更多的行为还涉及生活状况，如居住条件、饮食、娱乐、工作状况等。同时，当个人做出有关健康行为决定时，往往受到个人无法控制的因素的制约，如工作条件、市场供应、教育水平、经济和环境状况、社会规范和社会习惯等。作为个人应该积极地接受健康管理并掌握有关健康的知识、信息，自觉地改变不利于健康的诸多因素，养成良好的健康行为和生活方式，提高生活质量。①

① 栗庆山，高春梅．大学生健康教育［M］．北京：北京航空航天大学出版社，2017．

当前，青少年的体质健康状况已经有了一定的改善，这在形态发育水平、营养状况方面都有所体现，但是也不乏一些问题，比如，青少年在肺活量水平、耐力、速度、力量、爆发力等方面是呈下降趋势的，除此之外，还存在着体质量超标、肥胖、视力不良检出率不断上升等问题。

青少年的体质健康状况会对其健康成长产生一定影响，同时也会对其学习效率和生活质量以及家庭的幸福、安定与和谐，社会的进步与发展，国家的希望与未来，甚至是民族的生死与存亡都产生或大或小的影响。做好青少年的健康管理对预防成年期疾病，达到早期预防的目的也具有深远的意义。同时，青少年在获取了相关知识和技能之后，就可以以此来进一步对家庭和社会产生影响，对家庭和社会其他成员获取健康的知识和行为技能，以及全民体质的整体提高起到积极的促进作用。

第二节　青少年健康管理的理论基础

一、青少年健康管理过程中存在的问题

目前，青少年健康管理还不够完善，仍然存在着许多问题亟需解决，具体如下。

（1）对青少年体质健康的干预还是以群体为主，在个体方面较为欠缺，这在青少年以终身健康素养提高为目标的个性化的指导方面尤为显著。

（2）社会、学校、家庭以及青少年在科学的健康观、成才观方面还没有完全建立起来，也没有高度重视健康管理，认识的程度不够，这就对青少年的学习、生活造成一定的压力和影响，从事健康管理的时间不够。

（3）一些高等院校在开展健康管理的保障体系方面还存在着较大的不足，基础设施方面也无法满足学生需求。再加上领导

重视程度不够,教育培训师资、器材设施、设备资源等相关费用严重不足,这些都制约了大学生健康管理的进一步发展与完善。

(4)与青少年体质健康相关的法治存在着不健全的问题,评估体系的完善程度也不够。虽然对青少年进行周期性体检,但在长期的健康管理工作方面通常是忽视的,“检而不管”的现象普遍存在,这些也不利于青少年健康管理的开展。[①]

二、青少年健康管理发展与完善的措施

针对青少年健康管理过程中存在的问题,需要采取相应的措施来加以解决,从而使青少年健康管理更加科学、完善,并促进其可持续发展。

(一)在教育理念上要有所转变

学校、社会、家庭以及青少年都要坚决遵循“健康第一”的理念,将传统意义上的以健康换分数的做法摈弃掉,使青少年每天的体育锻炼时间得到保证,也进一步使各方面积极参与健康管理的良好氛围得到保证,使青少年的体质健康水平有所提高,对青少年的健康成长起到积极的促进作用。

(二)建立并完善合理的青少年健康管理和保障体系

在青少年健康管理方面,发达国家的先进经验是值得借鉴的,以此来进一步完善现有的评估体系,将青少年健康档案建立起来,有效评估各种与青少年体质健康有关的风险因素,与我国国情相结合,建立具有中国特色的青少年体质健康评估体系和评估标准,并在以后的管理过程中加以应用。

① 蒋辽远,刘志浩.青少年体质健康管理的研究与应用[J].中国校医,2014,28(9).

（三）建立学校、家庭、青少年“三位一体”的青少年健康管理体系

要加强学校、家庭、青少年之间的沟通并形成长效机制。具体可以从以下几个方面入手。

首先，青少年是祖国的未来，青少年的体质健康是实现个人发展和国家强大的重要人力资源基础，要重视青少年的健康管理。

其次，家长要以身作则，带领子女参加体育锻炼，通过家庭的带领作用，使青少年能够将正确的健康意识建立起来，对青少年的体质健康起到促进作用。进一步加强对青少年健康管理的政策、人力、经费等方面的支持和帮助。

最后，高等院校是青少年健康管理的核心所在，要通过全方位、个性化的健康管理服务来使青少年的健康管理要求得到有效满足。提高领导的重视程度、教师的师资水平，建立足够的体育活动场所并提供相关的设备设施，吸引青少年积极参与其中，提高青少年的体质水平。[①] 同时，在社会环境和政策支持下，联合家庭和社区，构建大学生健康管理体系，使其保障体系进一步完善。

第三节　青少年健康管理的实施与策略

一、青少年健康教育的组织实施

建立高效能的管理体制是中小学校健康教育获得全面、健康发展的重要组织保证。

以心理健康教育为例。一般学校心理健康教育工作的上级领导是市教育委员会德育处，由该处负责组织领导全市各学校的

① 蒋辽远，刘志浩．青少年体质健康管理的研究与应用[J]. 中国校医，2014，28（9）．

心理健康教育工作。各学校一般由负责德育工作的副校长主持，领导本学校的心理健康教育工作，校长要在校党委（党总支）的领导下，认真抓好学校心理健康教育的组织与协调工作。

学校心理咨询（辅导）室的教师在校长的领导下，负责学校心理健康教育的具体工作。学校心理咨询（辅导）室的工作职责有五个方面（见心理健康教育的途径）。校长应监督心理咨询（辅导）教师遵循心理咨询（辅导）工作守则开展工作。学校各相关部门的教师要积极支持、配合心理咨询（辅导）室开展心理健康教育工作。

学校心理健康教育的日常经费要列入学校专项经费，并逐年有所增加。要着重保证心理咨询（辅导）室的建设和专、兼职心理咨询（辅导）教师进修的需要。

学校要逐步建立在校长的领导下，以思想品德课和思想政治课教师、班主任和团、队（专职共青团少先队）干部为主体，专、兼职心理咨询（辅导）教师为骨干，全体教师共同参与的心理健康教育工作体制。①

二、学校在心理健康教育管理上的实施策略

学校重视心理健康教育是20世纪教育发展与改革运动的一个成果，在某种意义上，它已成为现代学校的标志之一。对学生及时有效地进行心理健康教育是现代教育的必然要求，教育部门的各级领导教师、家长，特别是学校的校长要充分认识加强中小学心理健康教育的重要性，要积极认真地对待这项工作。

学校心理健康教育毕竟是具有前瞻性的新事物，尽管有些地区已进行了十多年的研究和实践，也取得了一些很好的经验，但是发展很不平衡。在大城市、东部沿海地区起步较早，发展较快；中小城市、内地、边远地区起步较晚，发展较慢。目前就全国而言，这项工作才刚刚起步，校长对学校心理健康教育管理的成功经验

① 李百珍，李静，吴宁，等．中小学心理健康教育实务[M].北京：北京师范大学出版社，2015.

还不多,更不要说形成规律性的认识了。从已经开展起来心理健康教育的学校的情况来看,中小学校校长要带领全校教师开展心理健康教育,校长的观念要更新,这是学校开展心理健康教育的思想保证。除此之外,校长在带领学校开展心理健康教育时应做到以下几点[①]。

(一)避免以下几种倾向

1. 避免心理健康教育的德育化倾向

心理健康教育与德育虽然有密切联系,总的目标是为了使学生德智体全面发展。但是具体的工作目标、遵循的理论原则、工作方法和手段均有很大的区别,心理健康教育工作有其自身的专业、特殊规律,所以不能把二者混为一谈。心理健康教育的德育化倾向表现在,其一,是把心理健康教育简单视为学校德育的一个组成部分,认为只要通过加强德育就可以达到心理健康教育的目的,没有必要再开展心理健康教育了。其二,是把心理问题与思想品德问题混为一谈,把学生的正当需要理解为对利益的追求;把学生的心理特点、心理需求、心理疾病看成品质问题和思想错误。学校开展心理健康教育必须按照心理健康教育自身的规律进行。

2. 避免心理健康教育的医学化倾向

一些媒体报道我国中小学生心理问题比率占 30%,不恰当的使用量表测量学生,把不少非心理疾病的问题视为心理疾病。例如,个别教师对一些医学词汇一知半解,便轻易地为学生扣上多动症、智商低等帽子,给学生及家长造成很大的心理压力和消极暗示,引起了心理恐慌和压抑。其实大多数学生的问题是适应性问题和发展性问题,而非心理疾病。学校心理健康教育的主要任务是开展预防性和发展性的心理健康教育,而非心理疾病的诊断

① 李百珍 . 青少年心理健康教育与心理咨询 [M]. 北京:科学普及出版社, 2003.

和治疗。一些学校的心理咨询员出于热情，不顾自己的实际能力，对极个别已经患有神经症（神经衰弱、焦虑症、恐怖症、强迫症等）或精神病（已有妄想分裂、幻觉、躁狂等症状）的学生进行咨询，往往贻误了治疗的时机，使病情恶化，造成不良的影响。这类事件时有发生。例如，一位女中学生多次向学校的心理咨询员述说校长看上了她，要她与其子交朋友（无此事），该女孩已出现妄想。科学的态度是，将已经患有心理疾病的或在学校不能确诊的、或自己无能为力进行帮助的学生，送至医疗部门确诊、咨询或治疗。①

3. 避免心理健康教育的学科化倾向

学校心理健康教育不应当从某学科体系出发，而应当以学生的现实生活和存在的问题为出发点，以改善学生的心理与行为为目的。试图通过诸如考试的方法来进行心理健康教育是有害无益的。要克服学校心理健康教育的学科化倾向，就应该把这项工作融入学校日常教育活动中，要渗透到各学科的教学中。即使是心理健康教育课，也要联系学生的学习、生活实际，采取生动、活泼的形式进行，决不能把心理健康教育学科化，增加学生的负担。

（二）重视从事心理健康教育教师的专业培训

面向全体学生的心理健康教育是一项科学性很强的工作，它既需要掌握多科心理学的理论知识和技术，更需要具备现代的观念。为此，我们首先需要对中小学校长进行培训，而且要对专门从事心理健康教育的老师以及全体教师进行培训，提高校长、教师心理健康教育的意识和掌握从事心理健康教育所必要的知识、能力。使他们在日常的教育工作中、在学科教学中，随时随地、自觉地对中小学生进行心理健康教育，从而取得较好的效果。

学校心理健康教育是深化教育改革，全面推行素质教育的重

① 宋恩荣，吕达，刘立德，等．当代中国教育史论[M]．北京：人民教育出版社，2004.

要工作。心理健康教育的实施,需要大批具有良好素质的师资队伍。就全国而言,心理健康教育是一项新生事物,才刚刚起步,大多数校长、教师对它还不是很了解。全国师范院校的心理系也只有北师大、华东师大、华中师大等院校设立了与心理健康教育有关的专业。近年来,这些专业培养的为数不多的本科生、研究生,对全国来说,实在是杯水车薪,远远不能满足中小学校心理健康教育师资的需要。而从事学校心理健康教育所需要的教师教育观念的更新、多科心理学理论知识与相应的技术的理解和掌握、心理健康教育不良倾向的抵制和克服等,都不是校长、教师仅仅通过学习文件,讨论讨论就能解决的。所以,各地中小学校长应该特别重视筹措足够的资金,积极支持有关学校心理健康教育的师资培训。

这里有两层含义:首先要抓好专、兼职心理辅导教师的培训,做好持证上岗的工作。各高校和教育局要重视专职人员的进修。另外,要抓好全体教师的普及培训,帮助教师了解心理健康教育的意义、理论与方法,注意在各自的工作中自觉体现与渗透心理健康教育,并且注意保持自身的心理健康。北京有专家分析,青少年的心理问题70%是家长和教师的教养方法不当所致。如果一个教师不按照心理科学的理论转变教育观念,改进教育的措施和方法,仅凭经验开展心理健康教育,其效果是不会理想的,甚至会造成负面的影响。特别值得注意的是目前在学校从事心理健康教育的教师中,许多人过去是思想政治课的教师和德育工作者。凭着他们良好的师德、刻苦地学习,以及在德育过程中对心理辅导工作的悟性,他们取得了许多成功的实践经验。但是,这支队伍毕竟缺乏比较系统的专业训练,对他们的培训也是十分必要的。[①] 建立一支高素质的专、兼职心理健康教育的教师队伍,这是学校心理健康教育沿着健康、正确的轨道前进的组织保证。

总之,负责领导学校开展心理健康教育的校长,不仅需要掌

① 李百珍.青少年心理健康教育与心理咨询[M].北京:科学普及出版社,2003.

握初步的心理健康教育的知识、方法和技术，更重要的是校长要转变教育观念，树立新的、现代教育观念；现代健康和现代卫生观念；以学生、教师为主体的学生观念、教师观念；教育要注重完善学生人格的教育观念；教育的心理学观念等。这是学校开展心理健康教育的思想保证。另外，建立高效能的管理体制，建立一支高素质的专、兼职心理健康教育的教师队伍，这是学校心理健康教育的组织保证。只有这样，才能保障学校心理健康教育沿着健康、正确的轨道发展。

第五章　青少年生命教育认识与解读

青少年是社会发展的宝贵人力资源财富，是国家重要的人才储备。但是，在实际的社会生活以及校园生活中，青少年总会遇到一些问题，出现许多不顺心的事情，进而使其产生某些心理上的问题。青少年正处在人生重要的认知阶段，在学习中、生活中遇到的问题难免会因此产生严重的心理危机，甚至出现自杀行为。近年来，我国青少年自杀事件屡见不鲜。关注生命、开展生命教育便成了以人为本的教育的必然要求。尽管目前国内对青少年生命教育有了一定的研究，但重视程度依然不够，也没有形成体系。进行青少年生命教育研究，怎样提高生命教育的科学性和有效性，是摆在教育工作者面前的重要课题。

生命是人生最宝贵的财富，教育则是张扬生命、提升生命价值的事业。近几年，生命教育受到了教育理论研究和教育实践的广泛关注，可以说，生命教育已经在国内蓬勃发展起来。从理论研究来看，有刘济良博士的《生命教育论》、冯建军博士的《生命与教育》等；从教育实践看，不仅有相关教育主管部门颁发的关于生命教育的指导性文件，而且有著名专家学者等倡导践行的生命化教育实践。人们逐渐认识到，教育只有回到生命的原点，以生命为基础，才能真正培养出全面而自由发展的个体，我们倡导多年的素质教育才能找到突破口。[①]

① 张素玲，巴兆成，秦敬民．生命教育[M].东营：石油大学出版社，2007.

第一节　生命教育概述

一、生命概述

（一）生命的含义

对于生命的定义，《现代汉语规范词典》的解释是："生物体所具有的活动能力，是一种特殊的、复杂的、高级的物质运动形态，是蛋白质和核酸组成的系统。"生命的现象包括新陈代谢、生长发育、遗传变异和感应运动。生物学研究表明，几乎所有生命的代谢途径、遗传密码基本相同，遗传信息的传递方式近似。其中起主要作用的是两类大分子——核酸和蛋白质（包括各种酶）。只有生命系统中的核酸与蛋白质处于特定的相互作用条件下，形成编码与催化的关系，即脱氧核糖核酸（DNA）借助于系统自身的蛋白质（酶）的作用，进行自我复制，同时蛋白质为核酸信息所编码，才呈现出生命的最基本的功能。生命系统在物质与能量交换过程中也只有借助这些基本功能，才能保持自身的稳定。

人的生命是由意识和身体构成的统一体，即身体是人的生命存在的本源，意识是人的生命活动的依据。世界上不存在两个完全相同或完全不同的事物，人的生命也是如此。尽管每个生命有所不同，但一个人只要努力奋斗，就能充分展示自己生命的价值。

（二）生命的特征

生命的特征主要表现在以下几个方面。

1. 独特性

每一个生命都是一个独立的存在，是独一无二的，每个个体都有其独特的需要，都有不同的个性。概括来说，生命的独特性主要表现在以下几方面。

第一，由于遗传因素的差异性决定了人的自然生命先天具有独特性以及在后天发展中优势具有差异，所以不同的人会表现出不同的爱好和特长，先天的遗传素质奠定了人的独特性的基础。

第二，人的独特性还表现在后天不同的个性，即精神生命的独特性上。人们会有不同的信仰、向往，会赋予生命以不同的含义，因此，生命便会呈现出不同的特色。也正是因为人的生命的独特性，每个人的存在才具有独一无二的价值。

2. 脆弱性

人的生命相对于动物来说是无比脆弱的。有许多动物生下来不久自己就会走路，会自己去觅食，它们很快就可以独立地生存。而人出生以后，如果没有成人的照料，他就很难生存下来。人从出生到能够独立的生存需要很长的时间，这期间的任何一次意外都可能让一个小的生命从这个世界上消失。因此，对于人类来说，我们应该学会保护生命，使自己免受伤害。

3. 有限性

在时间的长河中，每一个生命都要经历出生、成长和死亡的历程，生命存活有一定的期限，到了一定的年龄，每一生命都归于死亡。从这个角度来看，生命具有有限性的特点，所以我们要珍爱生命，挖掘生命的潜能，使有限的生命价值不断提升，不断绽放生命的光彩，创造生命的价值。

4. 创造性

创造性是生命的目的，也是人性的呼唤。人是一个创造性的存在，人的本质是后天不断生成和构建的，人通过创造去发现生命的意义、追求生命的价值、实现生命的升华，以实现人对自己生命的认识、把握和超越。人的生命不同于动物之处就在于人有自己生命的目的，这就是追求有意义的生活。

5. 超越性

人的生命存在就是一种意义性的存在，就是一个超越自然、超越自我、追求意义的过程。人的生命不断生成的过程就表现在生命的不断超越上。人生来就是一种有缺陷的生物。正是由于要通过较高的能力来弥补现存的缺陷这种必要性，人成了不断求新的生物，成了虽不完美，但因此而能使自己完美起来的生物。虽然人的自然生命是有限的存在，但人可以通过精神追求，超越现实生活，寻求生命永恒的意义。①

6. 不可预知性

人们是无法完全预知未来的，我们经常会抱怨很多，抱怨生活中的诸多不如意，害怕遇到困难挫折、害怕人生可怕的变故，却往往忽略了眼前拥有的宝贵资源：健康的身体、稳定的工作、温暖的家人、美好的友谊、甜蜜的感情等。似乎拥有的越多，我们想要的就越多，想要的越多就越不珍惜已经拥有的，一味地追求更多和抱怨拥有的太少，幸福变得越来越遥远。所以，我们应该珍惜自己所拥有的，与其预知结局，还不如注重过程。

（三）生命活动的形式

只有生物才具有生命活动，但生物体也可能在一定时间内不表现生命。在进化过程中，由于细胞膜的出现，包围了构成生物体的物质，使之与环境隔开，形成细胞。形成细胞以后，生物就有了独立生活的条件。细胞是生物的基本构成单位，高等生物是由许多结构和功能不同的细胞构成的。通过对各种生物体，包括对单细胞生物以至高等动物基本生命活动的观察和研究，发现生命现象至少包括三种基本活动，即新陈代谢、兴奋性与生殖。

① 梁利苹，徐颖，刘洪均．大学生心理健康教育［M］．北京：清华大学出版社，2018.

1. 新陈代谢

生物体只有在适宜的环境中才能自我更新，一方面它要从环境中摄取各种营养物质，经过改造或转化，以提供建造自身结构所需的原料和能量；另一方面，生物体内的分解产物，均需排出体外；物质分解时释放的能量，除用于合成体内的新物质外，还用于生物做各种外功。这就是说，生物体只有在与环境进行物质与能量交换的基础上才能实现自我更新。新陈代谢是不能停止的，如果生物体停止自我更新，它的生命也就结束了。因此，新陈代谢是一切生物体最基本的表现。

在新陈代谢过程中，生物体内各种物质的合成、分解、转化、利用等，大都是各种生物分子在水溶液中进行的成系列的化学反应。这些化学变化和一般无机物的化学变化都服从同样的物理化学规律；然而这些化学反应基本上都是由蛋白质所构成的生物催化剂——酶所催化的，因而又是以复杂的特殊形式表现出这些物理化学规律的。等量的糖在体内氧化与在体外燃烧所消耗的氧、产生的二氧化碳和释放的能量都相同，但在体内的氧化过程却是在远低于100℃的温度条件下完成的。在生物分子的合成过程中，由于酶的催化作用有高度特异性，因而可以在细胞的同一部分内同时进行多个不同的反应且井井有条、互不干扰，这在一般化学试管里是不能实现的。所以，生命也是一种物质运动的形式，而且是一种高级的运动形式。[①]

2. 兴奋性

各种生物体都生活于一定的环境之中，这是进行新陈代谢的必要条件，而当它所处的环境发生某些变化时，生物体又能主动地做出相应的反应，以适应环境的变化。单细胞动物如阿米巴，在其附近出现食物颗粒时，即伸出伪足将食物包围而摄入体内。这种能引起生物体出现反应的各种环境变化统称为刺激。

① 潘福忠．生命的航灯[M]．沈阳：白山出版社，2006.

低等动物如水螅，当环境发生某些变化时，常常是直接受刺激部分的细胞发生反应，反应的形式也比较简单。高等动物对环境变化的反应，则经常是机体各部分协调配合的整体性反应。这种反应的形式通常很复杂，特别是动物进化到高级阶段，机体内已分化出一些专门感受环境中不同性质变化的感受细胞，并出现了主要由神经组织构成的调节系统，以及由肌肉、腺体等参与构成的效应器。①

神经、肌肉和腺体等组织，即使从机体分离出来后，用人为的刺激也可以较迅速地引起它们的生物电反应和其他反应。通常将这些受到刺激后能较迅速产生某种特殊生物电反应的组织——神经、肌肉、腺体统称为可兴奋组织，将受刺激后产生生物电反应的过程及其表现称为兴奋，而这种感受刺激产生兴奋的能力则称为兴奋性。

生物体对环境变化做出适宜反应，是一切生物体普遍具有的功能，也是生物能够生存的必要条件，所以兴奋性也是生命的基本表现。

3. 生殖

生物体生长发育到一定阶段后，能够产生与自己相似的子代个体，这种功能称为生殖或自我复制。烟草斑纹病毒颗粒进入烟叶毛细胞后，迅速复制出大量烟草斑纹病毒颗粒，这就是最原始的生殖过程。单细胞生物的生殖过程就是一个亲代细胞通过简单的分裂或较复杂的有丝分裂，分成两个子代细胞。在此过程中，亲代细胞核内的染色质将均分给两个子代细胞，其中的脱氧核糖核酸（DNA）将亲代的遗传信息带到子代细胞内，控制子代细胞中各种生物分子的合成。子代细胞中的各种生物分子，包括各种酶系，均与亲代细胞相同，于是子代细胞能具有与亲代细胞相同的结构与功能。高等动物个体发育到一定阶段，同样具有生殖功能。但是它们分化为雄性与雌性个体，要由两性生殖细胞结合以

① 周衍椒，张镜如．生理学（第2版）[M].北京：人民卫生出版社，1978.

生成子代个体。这种生殖过程虽然复杂得多,但父系与母系的遗传信息也是分别由雄性和雌性生殖细胞中的脱氧核糖核酸带给子代的。①

任何生物个体生命过程都是有限的,必然要衰老死亡。一切生物都是通过产生新个体来延续种系的,所以生殖也是生命的基本表现之一。

二、青少年生命教育的内涵

青少年生命教育就是对个体进行认识生命、热爱生命、珍惜生命、保护生命,塑造健全的人格,引导受教育者探索生命意义、追寻生命价值的教育活动。

不少人对青少年的生命教育认识不到位,存在着一些模糊认识。近几年,许多高校都开设了生命知识教育讲座,许多有关欣赏生命、尊重生命、敬畏生命及珍爱生命的生动事例在影响着许多青少年,取得了一些成效。但是,高校校园里青少年的暴力事件仍是时有所闻。尽管事件的发生有其特定的社会背景,我们不能把所有的责任都归咎于教育,但是,"对生命的漠视,是教育不可推诿的责任"。这与青少年生命教育的不完整性有一定的关系。尽管我们明白教育理论是指导我们的教育实践的,还需进一步明白,只有科学的教育理论才能有效地指导教育实践,如果是以片面的教育理论来指导教育实践,所产生的后果可能是毁灭性的,正如教育家洛克所说:"教育上的错误更不可犯。教育上的错误正和配错了药一样,第一次弄错了,绝不可能借第二次、第三次去补救,它们的影响是终身洗不掉的。"缘于此,我们必须去探究和运用科学、合理的青少年生命教育理论。

青少年处在人生的关键时期,他们具有自己的特点和需求,其生命存在于自然、精神和社会三个领域。青少年的生命教育内涵包含如下几个方面。

---

① 栗庆山,高春梅.大学生健康教育教程[M].北京:化学工业出版社,2002.

（一）生命认知教育

生命是什么？这是一个谜团，狄尔泰曾感叹到："我们体验生命，但生命对我们却是个谜。"青少年虽然具有较丰富的知识，但是对生命的认识也依然是个谜。生命认知教育要做到以下几方面。

第一，教育青少年正确认识生命，了解生命的内涵，把握生命的特性，体会生命的珍贵，认真对待生命，在尊重自身生命的同时也要尊重他人的生命。

第二，教育青少年认识到，自己可以通过自身努力丰富生命的深度和广度。

第三，教育青少年要认真对待自身和他人精神层面的生命。

第四，要充分把握时间，在有限的生命中创造无限的积极生命价值，进而促使青少年建立对生命的积极情感，树立正确的生命观。

对青少年开展生命知识的教育，仅给学生灌输一些抽象的有关生命价值和意义的知识和把生命知识局限于人的生命的知识是不够的，而应是关系到地球上生物的相关知识。总之，青少年的生命知识教育是涉及关于生命的各个方面的知识教育，既包括有关生命的各种知识的教育，又包括与生命密切相关的知识的教育。当然，生命教育并不是它们的简单相加，而是应把所有的教育都提升到"生命"的高度来进行教育。

（二）生命健康教育

青少年生命健康教育是以正确认知生命、热爱生命、珍惜生命、敬畏生命为基础开展的心理和生理层面的教育。生命健康教育要做到以下几方面。

第一，要引导青少年树立生命安全意识，提高自我保护意识和能力。

第二，要帮助青少年掌握基本的生存知识和处理危机的方法，加强心理疏导和危机干预，促进青少年身心健康发展。

（三）生命情感教育

青少年生命情感教育主要在于让青少年在正确认识生命的基础上热爱生命、珍惜生命、敬畏生命，进而提升自身生命意志力。

第一，热爱生命。热爱生命需要青少年珍惜生命的价值，发挥生命的潜能，有理想、信念和追求，在生命中积极实现自身的价值。

第二，珍惜生命。珍惜生命需要青少年珍惜肉体的生命和精神的生命。

第三，敬畏生命。敬畏生命需要青少年不仅意识到自身和周围的人都是有生存意志的生命，都有生命的尊严，还要对一切有意识的生命采取尊重和保护的态度和行为。

（四）生命价值教育

生命虽然具有有限性，但是人的主观能动性与实践性会创造出生命的价值，使生命以抽象的形式存在。青少年生命价值教育要做到以下几方面。

第一，引导青少年认识到个体生命和社会生命的价值，积极创造满足自身的需求的环境与条件，承担对于亲人及他人的社会责任，推动社会的发展与进步。

第二，引导青少年积极实践，认识到虽然不能延长生命的长度，但却能够扩展生命的宽度，创造自身生命的价值。创造自身生命价值的实质就是让自身的精神生命长存。

生命哲学强调生命的变异性和创造性，强调生命和激情对经验和理性的超越，把关注的主题由外转内，核心是人的生命存在及其活动等。人的生命价值有肉体的价值、精神的价值和社会的价值，对青少年开展生命价值的教育，就是对他们进行上述几种价值的教育。

青少年生命教育内涵的这几个方面内容，可以独立存在于某种教育活动中，其中的任何一个方面似乎可以称之为青少年的生命教育，但我们须知，在不同的教育活动中，其重点和中心是各不一致的，任何单方面的教育虽说也是一种教育活动，但它不能构成完整意义上的生命教育。唯有这三方面内容的融合统一，共同体现于生命教育中，才能称得上是完整科学的生命教育。总之，青少年的生命教育扩展了当前高校教育的内涵和外延，将教育转化为浑然一体的过程，完美地融合了青少年的学习和人生体验，青少年生命教育是教育的一种价值追求，是教育的一种存在形态。[①]

第二节　生命教育的起源与发展

生命教育作为一种社会教育实践活动，可追溯到历史上的任何民族、国家，但是，现今流行于世界各地的具名“生命教育”的关于生命的教育活动，却是现代生活的产物，有着清晰的来龙去脉。

一、生命教育产生的缘由

任何一种理论的提出、学科领域的产生均有其特定的历史条件。马克思和恩格斯曾指出：“一切划时代的体系的真正的内容都是由于产生这些体系的那个时期的需要而形成起来的。所有这些体系都是以本国过去的整个发展为基础的，是以阶级关系的历史形式及其政治的、道德的、哲学的以及其他的后果为基础的。”当今的生命教育便与第二次世界大战后的新技术革命以及由此产生的经济奇迹有直接关联。第二次世界大战以后，一场以信息技术为主导的新技术革命在世界兴起，引起社会生产和生活的巨大变化。人类实现了一次又一次科技突破，创造了一个又一

① 叶华松．大学生生命教育[M]．杭州：浙江大学出版社，2011．

个经济奇迹，物质生活水平普遍提高。但是伴随这些积极成果的出现，在社会生活中也清楚显现出现代科技带来的消极影响：人与自然之间的平衡被打破，随之而来的是各种世界性社会危机。人们甚至怀疑，人类是否将被自己创造的高度文明毁灭。人类群体之间的关系在变化，人类个体之间的和谐关系也无法建立。从20世纪50年代中期开始，年轻一代产生反传统、反理性等情绪，信仰危机开始出现。在这样的精神生活背景下，以反文明为其主要标志的青年文化运动首先在英国爆发，青年人以新左派运动、摇滚乐、朋克运动、嬉皮士运动和"垮掉的一代"等多种形式向社会现实、道德观念和文化传统发起挑战。这一运动很快传入欧美各国，在美国也形成了声势浩大的青年运动。

在20世纪60年代的美国，科技迅速进步，社会经济发展，物质生活改善，而社会意识领域却出现了道德信仰的真空。许多青年已经无需同父辈那样必须通过辛勤的劳动才能过上好日子，但是心灵的空虚和寂寞却无法排遣和消除。他们对社会现实的不满情绪不断高涨，美国精神信仰危机达到了空前激化的程度。信仰危机不仅动摇了美国人民传统的家庭观念，还滋生出各种腐化与堕落现象，特别是青少年的吸毒、纵欲、暴力犯罪等。这些现象严重威胁着美国社会的各个领域，特别是文化和教育领域的健康发展。

青少年的信仰危机和道德失范，引起了西方国家各界的不安，他们纷纷探寻救助之法。20世纪60年代末，由来自世界各地的科学家、教育家和经济学家组成的罗马俱乐部也着手探讨与解决青少年问题，甚至连美国的战略家布热津斯基、英国学者汤因比、日本学者池田大作等都在为这场反主流文化的灾难性乱象找寻救治之法。在此情况下，中国台湾教育学学者邱天助指出，早在20世纪70年代，西方的经济学家、哲学家、社会学家就已经清醒意识到，除非彻底改变我们的生活秩序，否则终会走向经济的灾难；人类若要避免经济上和生态上的祸害，就必须从人内心最深处做改变，也就是从生命的教育着手做起。

于是,英国教育家A. S.尼尔于1921年创办了以学生的自由、快乐成长为目标的夏山学校。连哲学家艾瑞克·弗洛姆也高调推荐尼尔“没有恐惧”“没有强迫”、能实现“教养方式的根本性变革”的办学原则。在西方国家教育界为拯救青少年群体的信仰危机、道德失范而进行的教育救赎努力中,美国学者杰·唐纳·华特士在美国所进行的理论探索和实践尝试,则可视为今天生命教育的起点。在20世纪20年代生命教育开展之前,在美国就已经有人开始推行死亡教育,因其能够促使对生命价值意义的思考而被教育界引入生命教育领域,从而实现了死、生教育的贯通与融合,生命教育因而在内容上也变得更加成熟完整。

二、生命教育的发展轨迹

生命教育是一个崭新的教育概念,自生命教育思想被提出开始,只不过短短几十年的时间。只有在历史的进程中追寻教育的轨迹,才能更真切地把握生命教育。

(一)西方生命教育的轨迹

西方教育最早体现生命意识的当属古希腊时期的教育。古希腊雅典教育强调人的身心和谐发展,努力使人的才能、倾向、个性得到充分发展。智者学派的创始人普罗泰戈拉(Protagoras)第一个对人进行哲学阐述:“人是万物的尺度,是存在者存在的尺度,也是不存在者不存在的尺度。”由此出发,智者们认为人是凭感觉来衡量一切的,人是凭感觉和欲望而行动的。因此,智者的哲学是个人主义和经验主义的。

古希腊的生命化教育思想主要是遵循自然的顺序,唤醒每个人心中知识的种子,强调对人的尊重,并通过教育使个体充分发展。但中世纪的哲学改变了这种教育观念。人生而有罪的基督教观点统治了整个西方。学校教育的各种活动无不打上神学的烙印,修道成为主要的教育方式。这种对生命进行压抑的状况一直持续到文艺复兴运动时期。

14—17世纪的文艺复兴运动提倡人道，反对神道；高扬人权，肯定人的价值和能力，尤其是人的精神能力；提倡现实幸福，歌颂个性解放，肯定现实生活的乐趣和享受，反对禁欲主义。它提出的口号是："我是人，人的一切特性我无所不有。"这种人文主义思潮对教育的思想和实践产生了巨大影响，并造就了一批人文主义教育家。他们强烈批判中世纪教育对儿童天性的压抑，主张通过教育使儿童先天的身心能力得到和谐的发展，认为教师必须尊重儿童的个性，满足儿童追求精神与道德生活的需要，提出了积极、快乐的教育方法。维多利诺将其创办的学校命名为"快乐之家"，并把学校建在一个环境优美的公园里，学校宽敞明亮，四周绿荫如毯，寓意着学校应当是接近自然、充满快乐的地方。他强调尊重儿童的天性和个别差异，注重学生身体、道德和精神的协调发展，并注重学生实际能力的培养，注重学习方法的新鲜活跃，崇尚启发诱导，讲求兴趣。伊拉斯谟关注对道德完善的追求，其教育理想是培养在内心感情上信仰基督，有理性、有知识，能独立判断，勇于追求真理，有德行的人。拉伯雷在《巨人传》中通过主人公高康大接受教育的过程，深刻揭露了封建经院主义教育的落后，讴歌了人文主义教育的进步。蒙田的《散文集》集中体现了他的人文主义教育主张，他认为教育的目标是培养体智全面发展的新的绅士。他说："我们所训练的，不是心智，也不是身体，而是一个人，我们决不能把两者分开。"莫尔在其主要著作《乌托邦》中阐述了他的空想社会主义教育思想，对后世产生了极其深远的影响。

文艺复兴以后，自然主义的教育思想占据主要地位，提倡依据人的自然本性培养新人。夸美纽斯和卢梭是其中的杰出代表。夸美纽斯的《大教学论》使他成为西方近代教育思想的开拓者。他提出了"泛智论"的教育思想，主张"人人受教育""人人学习一切"，要求把"一切事物的知识"交给"一切人"，认为教育在各方面都应与自然相适应。这里的自然包括两个方面：一是指自然界及其普遍法则；二是指人的与生俱来的自然天性。卢梭则从批判封建专制制度入手，构建了完整的自然教育理想。他主张“要以天性为师，不要以人为师”，提出了培养“自然人”的主张。他的巨著《爱弥尔》集中体现了他的自然教育思想，他的教育学说代表了时代的声音，成为反封建教育的有力武器。卢梭把人的天性分为三个方面：自由、理性和善良。自由是自然赋予我们的权利，是人的天然本性和生命价值的体现。自然的就是自由的，只有自由的教育，才能培养自然的人。理性是人在感觉的基础上，进行分析、综合、抽象和概括的能力，是上帝赋予人的一种天性。人借助理性可以形成复杂的观念和知识，并用以指导自己的行动。善良是卢梭关于人性的另一个见解。他说：“出自造物主之手的东西都是好的，而一到了人的手里，就全变坏了。”他认为，性善是人人相同的，并不因为人的贵贱而异。这三个方面中，自由是最根本的，理性和善良都是为了保证自由的实现。自由是人类的天性，但不等于随心所欲，它要受到自然的理性的约束。而人的理性常常受到欲望的蒙蔽，因此又需要良心。从人的天性出发，卢梭提出教育对象应当是天性所造就的人，而不是人所造就的人。他把教育的来源划分为三个方面：自然、人和事物，只有这三个方面的教育协调一致时，儿童才能受到良好的教育。卢梭指出：“自然的教育是完全不能由我们决定的，事物的教育只是在有些方面才能够由我们决定。只有人的教育才是我们能够真正地加以控制的。”因此，三种教育中必须以自然教育为中心，人的教育和事物的教育要服从于自然的教育。只有这样，才能使教育与儿童天性的自然发展一致起来。卢梭从其自然教育的理论出发，强调要根据儿童不同年龄阶段的身心特点实施教育。他说：“大自然希望儿童在成人以前就要像儿童的样子。如果我们打乱了这个次序，我们就会造成一些早熟的果实，它们长得既不丰满也不甜美，而且很快就会腐烂。①因此，卢梭将儿童的教育划分了

① 岳伟．批判与重构——人的形象重塑及其教育意义探索[M]．武汉：华中师范大学出版社，2009．

四个年龄阶段,并规定了每个阶段的教育任务,要求关注儿童现实的快乐,而不是追求渺茫的未来。

到了近代社会,特别是19世纪以来,科技的发达、理性主义的主导造成了人的价值和意义的失落,人性和自由备受践踏,人文、精神、价值、心灵逐渐远离人生。一些敏锐的思想家开始对人的生存状况进行反思,各种哲学思潮应运而生,生命哲学存在主义以不同的方式强调人在哲学中的核心地位。教育领域的文化教育学、存在主义教育、人本主义教育成为人文主义教育新的高潮和生命教育思想新的体现。

文化教育学的教育目的是培养回归生命活力的"人的总体生成"。存在主义教育同存在主义哲学密切相关。存在主义是哲学的非理性主义思潮,20世纪60年代广泛流传于美国、德国、日本等西方国家。主要代表人物有德国的海德格尔(M. Heldegger, 1889—1976年)、雅斯贝尔斯(K. Jaspers, 1883—1969)、法国的萨特(J. P. Sartre, 1905—1980)等。它将人的存在和现实的人生作为自己的出发点,强调个人、独立自主和主观经验,实际上是资本主义社会中个人生存危机在意识形态上的反映,是典型的个人主义哲学。其最著名和最明确的倡议是萨特的格言——存在先于本质。在教育内容上,认为课程设置必须符合人性发展的需要,要力图使知识教育有利于唤醒学生的个人意识及个人承诺感。另外,存在主义主张对学生进行死亡教育,让学生意识到死,并以此检查自己活的质量。在教育方法上,存在主义注重学生最大限度地自我表现和自我选择,因此推崇苏格拉底式的方法和个别化教育,并特别注重创造性活动的教育价值。因为创造性活动可以让个人毫无顾虑地发挥他的选择的能力。存在主义强调自我发现、自由发展、自我完善,是一种极端的个人主义。但它对传统教育的批判是有力而具有启发作用的,对于提高人的自觉能动性、弘扬人的主体作用、要求人们对自己的行为负责等方面,都有一定的积极影响。[①]

人本主义教育思想以人本主义哲学和心理学作为理论基础，20世纪六七十年代流行于美国，继而在国际上产生了广泛而深刻的影响。人本主义强调情感和意志的教育价值，把情感和意志看作是人的生存和发展的重要组成部分，认为情感和意志是人们精神生活的基础，而且也是精神发展的核心要素，教学认知目标的达成也有赖于人的情感领域的高度发展。人本主义的这些观点对我国教育克服忽视学生主体性和创造性的培养产生了积极的影响，但也导致了自由化倾向、纪律松懈等不良影响。

（二）中国生命教育的轨迹

中西方文化有着不同的历史发展轨迹，西方是“个人主义”的文化，而中国是“社会本位”的文化。教育上，西方注重个体自然性的发展，中国注重个体社会性的发展。中国哲学以生命为本位，注重探索生命的意义，致力于解决人的安身立命问题，具有重人事轻鬼神、重生前轻死后、重现世轻来世的现世品格。

中国传统文化认为“身体发肤，受之父母，不敢损伤”，但缺乏真正的生命意识。中国古代教育，特别是董仲舒以后的教育，基本上是以压抑生命发展为主的，但也表现出对生命价值的关注。孔子开创的儒家学说在我国古代社会占主导地位。自汉武帝“独尊儒术”后，儒家思想统治了中国两千年之久，影响之大，渗透之深，是其他学说望尘莫及的。孔子哲学的核心是“德”，他的一生以“朝闻道，夕死可矣”（《论语·里仁》）的精神追求“道”。其教育的基本目的是培养志道和弘道的志士和君子。他教育他的学生“笃信好学，守死善道”（《论语·泰伯》），“志士仁人，无求生以害仁，有杀身以成仁”。孟子也曾提出：“生，亦我所欲也，义，亦我所欲也。二者不可得兼，舍生而取义者也。”（《四书章句集注·孟子集注》卷十）因此，儒家学派强调死的道德价值与社会

① 张素玲，巴兆成，秦敬民．生命教育[M]．东营：石油大学出版社，2007.

价值，认为仁义之道是比生命价值更为重要更为宝贵之物，仁义之道是人之生死的终极价值与终极依据。因此，有人评价说："儒家教育在目标上并不培养具有主体性的个体生命，而是将鲜活的生命置于僵死的规范之中，使之失去了'自我'。"对于生死观，儒家学说具有较浓厚的现世倾向，持"死生有命，富贵在天"的观点。孔子曾说过："未知生，焉知死。"强调要"乐天知命"，对生命要有正确的态度，有一种积极的心态。因此，儒家对死亡的探索非常少。但是，孔子的教学方法体现了对生命主体的关注，这对今天的教育依然具有借鉴意义。比如他的了解学生、因材施教，学思并重、学思结合，启发教育、循序渐进，学而时习、知行一致等教学方法依然富有鲜活的生命力。尽管孔子采取因材施教有其深刻的社会历史根源，但孔子运用因材施教达到了熟练的、艺术化的境界，这是我们今天很多教师也难以做到的。比如，《论语·先进》篇记录了孔子对于子路和冉有的同一个问题的不同回答及其理由。①

生命教育从 20 世纪 90 年代开始，大致经历了三个阶段，逐渐成为中国内地教育界、哲学界和社会学界共同关注的热点议题，并站稳了脚跟。

1. 历程

（1）"生命"研究与"教育"搭界。20 世纪 90 年代，西方生命教育观念传入中国，教育同生命的关系引起学界的注意。

1997 年，继黄克剑、张文质对话之后，叶澜教授也注意到生命与教育的关系问题，在《教育研究》杂志上发表《让课堂焕发出生命活力——论中小学教学改革的深化》一文，主张"从更高的层次——生命的层次，用动态生成的观念，重新全面地认识课堂教学，构建新的课堂教学观"，并呼吁"让课堂焕发出生命的活力"。

与此同时，部分高校学者开始关注国外流行的死亡哲学研究，并陆续开设相关课程。如段德智 1989 年在武汉大学开设"死

① 张素玲，巴兆成，秦敬民. 生命教育 [M]. 东营：石油大学出版社，2007.

亡哲学”课，探讨死亡的哲学内涵；郑晓江 1994 年起在南昌大学开设“中国死亡智慧”课（1997 年调整为“生死哲学”课）；2006 年起，郑晓江与人合作，在江西师范大学开设全校公选课“生死哲学与生命教育”。如果说段德智的“死亡哲学”课还仅限于哲学领域，同生命教育还只存在间接的联系，而郑晓江以及他与人合作开设的课，因把死亡作为生命过程的一个环节看待，已经是生命教育的有机组成部分了。郑晓江于 2000 年就死亡问题在《国外死亡教育简介》和《台湾中小学的生命教育课》两篇文章中，介绍了国外死亡学研究和死亡教育实践，进一步扩大了死亡教育在内地的影响。

总之，这一时期在生命与教育关系上的正确定位，以及高校教师将死亡教育纳入生命教育研究，从而使得生命教育的内容得以完善，表明中国内地生命教育的推行起点是很高的。

（2）“生命教育”的出现。继生命与教育的关系探索之后，我们从学术成果出现的时间可以判断作为一个教育门类或一个教育领域的生命教育所出现的时间。

1996 年，在张志刚、叶斌合写的《大学生自杀原因浅析及对策》一文中，已经出现“生命教育”的概念；在 1997 年，范春梅《世界环境教育的发展与特点》的二级标题中，也出现了“生命教育”一词。

在硕士、博士学位论文中，生命教育出现稍晚，程红艳的硕士学位论《生命与教育——呼唤教育的生命意识》文的关键词中出现了“生命教育”，此文于 2001 年通过答辩。“生命教育”正式出现在标题中见于 1999 年易健《现代美育是一种感性的情感的生命教育》一书。

（3）“大学生生命教育”的出现。当跨入新世纪以后，“大学生生命教育”或“高校生命教育”的研究选题也出现了。高锦泉的《大学生生命教育初探》（2003）是较早面世的论文之一。赖雪芬的《大学生生命教育探析》（2004）、任丽平的《论大学生生命教育》（2004）、张忆琳的《当代大学生生命教育透视》（2004）、陈晶的《关于大学生生命教育的意义、内容和方法的新探究》(2004)、赵立军的《高校生命教育刍议》(2005)便是这样的论文,它们的出现标志着大学生或高校的生命教育已经在生命教育领域具有相对的独立性。而且,青少年或高校的生命教育也同样成为硕士生、博士生的论文选题。王晓虹的《大学生生命教育研究》(2005)、江晓萍的《大学生生命教育研究》(2005)、戴曦的《高校生命教育实证研究》(2005)、尹伶俐的《大学生生命观研究》(2005)等学位论文都是在这一阶段出现的。

随着内地学者研究的逐步深入,生命教育的专著和教材也开始出版。冯建军的《生命与教育》(2004)、刘济良等的《生命的沉思:生命教育理念解读》(2004)、刘志军等的《生命的律动——生命教育实践探索》(2004)、刘济良的《生命教育论》(2004)、吴文菊的《生命教育初中》(2005)、刘海虎的《阳光下盛开的玫瑰——生命教育人文读本》(2005),是生命教育领域较早的著作。

(4)生命教育上升为国家教育发展战略。2010 年 7 月 29 日,国务院颁布了《国家中长期教育改革和发展规划纲要(2010—2020 年)》。随后内地生命教育理论研究不断拓展和深入,实践探索亦遍地开花,逐渐呈现蓬勃发展的态势。

2. 早期学术成果

任何一个地区或国家,要引进某一思想都首先要引进相关资料做参考。由于中国的生命教育初起步,急需引进相关资料做参考才可能顺利完成该领域的建设,因此从 20 世纪和 21 世纪之交开始,我国教育学界在这方面做了大量工作。

代表性作品有:林索英的《古代生命礼仪中的生死观以〈礼记〉为主的现代诠释》(1997)、丽塔·克雷默的《玛丽亚·蒙特梭利:第 2 部儿童之家》(1998)、李远哲等的《享受生命:生命的教育》(1999)、李锡津的《小故事大哲理》(1999)、吴庶深等的《生命教育概论:实用的教学方案》(2001)、三浦真津美的《小学六年决定一生:孩子进小学时必须要读的一本书》(2002)、海涛法师的《云子绘图·佛经寓言故事选辑》(2005)、林恩·德斯佩尔德和艾伯特·斯特里克兰的《生命教育：生死学取向》(2006)。2002年,《上海教育科研》转载了郑崇珍、张振成两位学者的文章，分别介绍台湾生命教育的目标与策略、本质与实施，进一步推介台湾生命教育的成功经验。这些早期关于生命教育的成果，对介绍、普及该领域的知识起了很大作用。

直到2006年，生命教育研究领域中的重要著作美国学者杰·唐纳·华特士的《生命教育：与孩子一同迎向人生挑战》才终于经林莺翻译，由四川大学出版社出版，与读者见面(该书在台湾已于1999年出版)。

我国学者撰写了一些论文，介绍我国港澳台地区及国外生命教育的研究和开展情况。如刘济良、李晗的《论香港的生命教育》(2000)、王学风的《台湾中小学生命教育的内容及实施途径》(2001)、徐秉国的《英国的生命教育及启示》(2006)、南志涛的《香港地区与发达国家生命教育比较》(2008)等，都是早期国内作者撰写的对生命教育的介绍性文章。南京师范大学道德教育研究所的冯建军教授在生命教育、生命化教育领域的研究成果甚丰。[①]

一方面大量学术文章、著作和教学教材竞相发表和出版，各类年会、论坛相继举行，争芳斗艳；另一方面实践推广和课程开发也如火如荼地进行。

3. 机构组织及学术交流

各类生命教育研究机构和实践基地相继成立。如2006年8月5日，在天津召开的“大陆与台湾殡葬文化与生命教育研讨会”上，天津永安生命教育与殡葬文化研究所成立。据介绍，这是国内第一个此类性质的研究机构。

天津永安生命教育与殡葬文化研究所所长郑晓江教授介绍，该研究所在理论探讨方面有三大重点：生死问题、生命教育、殡

① 龙海霞．大学生生命教育研究[M]. 成都：四川大学出版社，2017.

葬文化。研究所将与中国殡葬协会、宋庆龄基金会以及全国这方面的研究专家密切合作。他们今后将召开有关生死问题、殡葬文化、生命教育等国际与全国性论坛及学术会议,大力推进生死问题的研究。

还有浙江传媒学院的生命学与生命教育研究所和大学生心理健康与生命教育中心(2008)、北京师范大学的生命教育研究中心(2010)、河南大学教育科学学院的河南大学生命教育研究中心(2013)、我国首家全国性的生命教育学术专业机构——中国陶行知研究会生命教育专业委员会(2013)等组织机构。

第三节　生命教育的目标与原则

生命教育是真正的"人"的教育,是以人为本的教育,也是最能体现人性关怀的教育。生命教育以生命为基点,关注生命,不断为生命的成长创造条件。因此,作为教育工作者,必须明确生命教育的目标和原则。

一、青少年生命教育的目标

生命教育的根本目标,就是在积极虚无主义的"真诚意识"的基础上,通过反求诸己的"一念反省",让每个生命体建构起自己的人生意义,安顿好自己的现实人生,并在安顿现实人生中学习死亡、在体验死亡中提升现实人生。生命教育的目标就是通过开展生命教育达到目的,它是选择与确定生命教育内容的依据,对于有效地开展生命教育工作具有重要的意义。

开展生命教育,使青少年对生命问题产生一定的心理活动,形成关于生命的相关概念、知觉、判断或想象等,从而达到对生命的认知目标。

一是帮助青少年了解和发现生命。在此基础上解决心理矛盾。

二是帮助青少年确立科学的理想，从而使他们完善自我、开发生命潜能、创造自己的奇迹，树立起科学的人生观、价值观和世界观。

三是帮助青少年树立坚定不屈的信念。生命教育能使青少年成为有追求的先进者，“志当存高远”，明白成功是在不懈的追求与奋斗中实现，勿得过且过，成为做一天和尚撞一天钟的人；生命教育能使青少年充满青春与活力，朝气蓬勃，血气方刚，远离那首为当今青少年画像的讽刺诗中所描绘的“有智商没有智能，有知识没有思想；有文化没有修养，有个性没有品行；有重任没有体魄，有理论没有实践；有青春没有热血，有前途没有壮志”。通过生命教育，必须要让青少年明白，在漫漫的人生之路上，逆境是人生所不可避免的，暂时看身处逆境也许是不幸的，长远看未必是不幸的，因为度过或战胜了逆境，无疑增强了一个人的信心和勇气，锤炼了一个人的毅力和品质，正是在这意义上，我们说，逆境是一个人难得的一笔精神财富。总之，生命教育能使青少年树立坚定不屈的信念，无论是身处顺境还是逆境，都能积极乐观地面对。

二、青少年生命教育的原则

针对当代青少年的生命特征和青少年生命教育的目标，教育者在实施青少年生命教育的过程中，必须遵循以下原则。

第一，认知、体验与实践相融合原则。生命教育既要对学生进行科学知识的传授，又要引导学生体验生活，在实践中融认知、情感、意志和行为于一体，使学生丰富人生经验，获得生命体验，拥有健康人生。

第二，发展、预防与干预相融合原则。青少年的生命教育应以发展性、预防性教育为主，对已发生且危及青少年生命的问题要及时干预，尽力减少对生命的危害性。

第三，自助、互助与援助相融合原则。开展青少年的生命教育,一方面在于提高青少年应对生命的自助能力;另一方面在于提高青少年的生命意识,学会生命的互助和援助。

第四,学校、家庭与社会相融合原则。生命教育既要发挥学校教育的积极引导作用,又要积极开发、利用家庭和社会的教育资源。在学校课堂教学、校园文化活动等方面落实生命教育的同时,还要通过家庭、社会活动等途径,培养青少年健康的生活习惯、积极的生活态度和生命自救的技能等,从而形成青少年生命教育的合力。

第四节　青少年生命教育的意义

一、有利于青少年的个性发展

长期以来的教育可概括为“五统一”,即校服统一、规矩统一、教材统一、计划统一、命题考试统一。这在无意识中把学生的个性都统一起来了。对青少年进行生命教育,重视青少年每个个体的独特性,对青少年的个性发展具有重要意义。

二、有利于青少年更为珍惜生命

人们在具体的生命展开及生活过程中,常会出现以下两种偏向。

第一,只知生活而不知生命,把生活当作人生的全部,比如现实生活中出现的自杀问题就属于这种偏向。

第二,只知生命不知生活,有一些人坚持保命哲学,刻意抑制自我的生活欲求,不知道生活的感受是多姿多彩的。

对青少年进行生命教育,有利于青少年将生活和生命区别开来,认识到生命的可贵,从而更为珍惜生命,用自己的努力去创造生命的价值。

三、有利于青少年意识到超越生命的意义与价值

超越生命实质上就是超越死亡，即树立正确的生死观念。

第一，要让人们知晓死是人们终极的不可逾越的存在本质，其存在正好彰显出人生奋斗的重要性、珍惜生命的必要性、善用此生的紧迫性。

第二，超越生命所要实现的是从精神上获得永恒，在人的一生中，或者成为世间道德的楷模，或者建立伟人的功业，或者著书立说等来达到逝而不朽的目的，这些都应该是生命观教育的核心所在。

第六章　青少年生命教育的内容体系

随着社会的不断发展，国家对青少年提出了更高的要求。同时，青少年随着年龄的增长和知识水平的提高，对现实的理解更加深入，个人和社会的责任意识不断增强，思考着自己和国家的未来，正确认识自己在社会中所处的角色及所担负的社会责任。生命教育是满足个体需要、促进个体生命发展的教育。个体在生命的不同阶段具有不同的发展需求，因此，生命教育需要根据个体不同阶段的发展需求来确立其相应的内涵。青少年生命教育内涵的界定，必须考虑青少年的特点，了解他们的心理和适应社会发展的需求。

第一节　青少年生命意识教育

苏格兰哲学家托马斯·卡莱尔曾说："生命意识是个体对生命的理解与态度。它是人的生命为了适应自身生存和发展的需要，依据先天的基因，加上后天的教化而形成的对于生存和生存价值的体认和感悟。生命意识包括了浅层次的生存意识和深层次的生命价值意识。生存意识即生存意志，是个体维护生命存在和延续的欲望。生存意识的强烈与否，对个体的成长和发展有着极大的影响。"青少年的生命意识，是其对个体生命存在所产生的一种自觉的意识，是对生命的理性思考和感性体验，是对生命终极价值的审视。应该说，生命意识是人类文明发展的核心主题。整个社会的关注、专家的重视、人大代表的呼吁以及青少年冷漠的反应，一方面显示了生命教育的重要性，另一方面也反映了当前高校生命意识教育的缺失。而在高校进行生命意识教育，本身也是教育目标中关注人的价值、关怀人的生命的重要体现。

一、认识和理解生命的意识

人的生命与其他生物生命最大的区别在于：“动物和它的生命是直接同一的，它没有自己和自己的生命活动之间的区别，它就是这种生命活动。人则把自己的生活活动本身变成自己的意志和意识的对象。”人能凭借思维，清晰地认识到自己所处的状态。因此，要理解生命就必须对生命的基本特征进行认识。

在对生命的认识中，我们发现人的生命具有独特性。

第一，人的生命是有限的。关于生命的有限性，主要从以下两个方面来理解：首先，人的自然生命是有限的，死亡是人生必然的结局；其次，人生的际遇是不可控制的，人的一生很难完全按照事先的设计执行，突如其来的自然灾害、疾病以及种种偶然因素，都会导致个体生命的突然消失。

第二，人的生命具有独特性与完整性。每一个生命都是独特的个体，世界上没有两个完全相同的人，正如世界上没有两片相同的树叶。遗传的差异是个体保持独特性的生物性基础，但人的独特性更多是来自后天环境、教育和个人实践活动的影响。生命既具有独特性也具有完整性。

当我们人为地划分生命的结构时，殊不知却忽略了生命的完整性。哲学家雅斯贝尔斯曾经说过：“毋庸置疑，生命是完整的，它有年龄、自我实现、成熟和生命可能性等形式，作为生命的自我存在也向往着成为完整的，只有通过对生命来说是合适的内在联系，生命才能是完整的。”每一个个体在追求完整性的同时追求着个性，因此，任何对生命的解读和理解都必须建立在对生命完整性和独特性的基础之上。

第三，生命具有精神性和超越性。人的生命不仅仅是自然赋予的肉体生命，还包括后天发展起来的精神生命，这也正是人的生命完整性的体现。人生存于世界之中，生存于自我的意识之中，能够意识到自身生命在世界之中的活动，并在人的意识之中给出人的活动，人对人的生命活动的意识构成生命的意义。人的生命是一种追求意义的存在，而探索有意义的存在是实存的核心。人生的过程不仅仅是物理时间延长的过程，更是一个不断追求生命意义、实现生命价值的过程。在此过程中，人们改变和创造社会，并不断超越自我，提升自我，走向新的解放，生成新的自我。

第四，生命具有实践性的特点。独特的个体、完整的个体、超越的个体，都是在实践中展示和表达出来的。应该说，实践是人类存在的最基本方式。个体在实践中去体验生命的困惑，在实践中去追求生存意义，在实践中去创造美好的未来。认识生命的本质特征是我们生命实践的基本前提。

二、热爱和珍惜生命的意识

在认识和理解生命的基础上，青少年生命教育要培养学生热爱和珍惜生命的意识。热爱是一种深厚、积极、稳定的情感，热爱生命是情感的培养。高校的生命教育意识培养，要求青少年在实践活动中去亲身体验和经历。这种对生命热爱的情感一旦养成，再经过加强和巩固，有助于他们在未来社会生活中无论遇到怎样的挫折都能从容面对。

热爱生命、珍惜生命就要养成健康的生活方式。校园是非常有利于健康生活方式养成的环境，青少年要抓住这个机会，养成一生的健康生活方式。首先要合理膳食，养成健康的睡眠习惯。这对于一部分青少年有一定的难度。他们沉溺于游戏，生物钟混乱，因长期缺乏睡眠导致精神涣散、学习效率下降。其次要保持良好的心态。每个人的生活不可能一帆风顺，来自学习的压力、人际交往的压力以及情感问题往往会使青少年陷入苦恼之中。这就要求青少年要以平常心对待，因为情绪大起大落的波动容易导致身体和精神上的疾病,不好的情绪易破坏人体免疫功能,加速人体衰老过程。所以生活、工作中非原则问题无须过分坚持,要懂得欣赏自己所拥有的,时刻提醒自己要保持轻松愉悦的心情。最后要进行适当的锻炼。选择一种自己喜欢并适合每日锻炼的方法,比如跑步、游泳、打球、健身等,日复一日地坚持下去。但必须注意选择自己所喜欢的运动,如果自己做绝对不喜欢做的事情,便很难坚持。所以需要尝试找到合适的,喜欢或可以学习喜欢的运动。运动不但能提高自己的身体素质,有助于改善体型,还可以调节身体功能,减低脂肪含量,使我们拥有健康的身体。

热爱和珍惜生命就要求青少年学会体验生命的快乐和精彩。对他人要爱人如己,关爱他人,与他人和谐共处;对自然要学会珍惜生存环境,热爱自然中的一切生命,热爱树木花草,与自然和谐共处。生命是一切上层建筑和物质世界的基础,因为人类有了生命才有了思想,才有了希望和追求,才有了这个五彩缤纷、像万花筒一样美好的世界。人生是短暂的,也是永恒的。人世间的生活才是实实在在的,有天伦之乐、朋友之谊、恋人之情,有理想、有美好、有追求、有梦幻,热爱和珍惜生命,我们才可以过上快活的人生。应该说,热爱和珍惜生命就是要在认识和理解生命的基础上,把保存生命作为人生的最大价值,并以此为前提去充实生命应有的内涵,实现生命的价值和意义。

三、尊重和敬畏生命的意识

尊重和敬畏生命在青少年生命意识培养中尤其重要,因为只有在认识和理解了生命的独特性后,我们才能学会尊重和敬畏生命。

尊重生命有三个层次。

第一,尊重自己的生命。一个连自己的生命都不尊重的人是不可能懂得尊重别人的生命的。尊重自己的生命,当然也包括珍惜生命,热爱生命,但更重要的是承担自己的义务,努力做好眼前的事情、身边的事情,做自主生活的强者。尊重生命就是要热爱生命、珍惜生命、直面挫折，勇敢地担负起对自己的责任、对父母的责任、对学校的责任、对社会的责任，永不放弃生的希望，做生命的主人。对每一个人来说，人的生命只有一次，在人类历史的长河中，生命是短暂的，但在个体的成长过程中，生命又是漫长的。每个人从出生到死亡，要经历一个跌宕起伏的曲折过程。人生的意义不在于生命的长短，而在于生命的意义。

第二，要尊重他人的生命。生命具有最大的普遍性。每个人都希望自己的生命不要受到伤害，都希望别人尊重自己的生命。这就要求我们每个人都尊重他人的生命，绝不去伤害他人的生命，这是道德的底线，也是最具有普遍意义的道德。那么尊重他人生命的道德基础是什么？周国平认为，人有两个本能，一个本能是爱自己的生命，对自己生命有利的东西，他就喜欢，就想得到；对自己生命有害的东西，他就厌恶，就想避开。这就是所谓的“趋利避害”。从这个意义上可以说，利己是人的本性。另一个是同情本能，就是看见别人的生命有了危险，遭到了威胁或损害，他会设身处地去感受，他也会不好受。尊重生命就要有包容之心和爱心。

第三，要尊重自然界所有的生命。人类不仅要尊重自己的生命，还要尊重别人的生命以及一切生命形态，面对自然的尊重就是对人类自己的尊重。大自然是伟大的，一草一木都有其存在的意义。生命是崇高的，在自然的生命面前，一切生命都是平等而珍贵的。从尊重自己的生命来说。首先是要珍惜生命，养成健康的生活方式，不做损害生命的事，比如吸毒、纵欲、过劳。其次是要享受生命。生命的享受不仅仅是满足生理性的欲望，更重要的是满足生命的欲望。现代社会，人们往往将物欲等同于生命欲望。殊不知物欲是社会刺激起来的，绝不是生命本身的需要。中西方的哲学家早就认识到了生命对物欲的需要是十分有限的。如道家强调“全性保真”“不失性命之情”“不以物累形”，这些都体现了先人的智慧。

敬畏在现代汉语词典中被解释为“又尊敬又害怕”，敬畏是一种掺杂着惊讶、恐惧的尊崇的情感。敬畏不等于恐惧，恐惧产生卑怯感，而敬畏则产生崇高感。因此，不畏者不敬，畏和敬是不可分的。近年来部分高校大学生的心理问题突出，甚至出现了一些犯罪行为。他们不好好地对待生命，更别提什么理想或精神的追求了。这些问题一再提醒教育工作者，在教育中应该着力培养孩子的敬畏感，包括敬畏生命、敬畏自然。如果青年没有这种敬畏之情的话，就很可能成为一个对自己的内心世界没有约束的人，一个缺少憧憬与精神追求的人，将来可能会是一个"背着炸药包"走上社会、危害社会的人。

四、创造和超越生命的意识

生命中最重要的是创造力，其他的都是附加的报酬。但是，社会的物欲横流使一些人根本没有时间思考什么是生命的本质，反思幸福的源泉。他们希望得到的是可以看到、触摸到、使用到的实实在在的东西；一些青少年所关心的也只是能否评上"三好学生""优秀干部"，能否加"量化分"，能否多拿一个证书为未来求职增加砝码。人们在追逐名利、金钱、事业成就、地位等的过程中永远都不会满足，在得到的时候人们只能获得短暂的快乐和满足，随之而来的是更深的匮乏感和更多的欲望。他们原以为只要拥有了自己想要得到的东西就会得到幸福，可却由此发现自己离生命存在最深的渴望——幸福越来越远。

人们之所以在无限追逐成功的过程中感受不到幸福，是因为很多人本末倒置，将追寻生命幸福的手段当作目的，脱离甚至忘记了自己生命原本最重要的来源——创造。当人们都没有办法进入创造之流的时候，就会寻找替代品，有的替代品就是去追逐原来只是跟随创造而来的报酬，如金钱、名利、关系。他们以为最重要的是这些，而忘记了创造力这个本质的存在。当人们能认识到生命中最重要的是创造，其他的都是附加报酬时，就不会脱离生命的本质。所以当我们回到创造本身，而不是执着于外在替代品,我们就能真正享受到由创造而衍生出来的报酬——金钱、关系、名利,而不是陷入金钱、关系、名利中不能自拔。而所有的宗教、心灵成长的过程,其最终的目的都是让我们清醒过来,不要沉迷于外界的物质世界,真正能让我们的生命长存并具有存在意义的就是认识到创造之流的存在,无论我们现在拥有什么,或者没有什么,其实都不是最重要的,重要的是我们是否能够发挥我们的创造力,为我们自己、为世界而创造。

生命具有通过人的实践活动去超越生命本身的能力,人的生命就是一个不断去创造和发展的过程。相较于无法超越的动物生命,人的生命本质就是在创造中超越自己。然而,当今社会的一些人,只是被动地接纳社会的个体。将原本扩散型的生命历程简化为线性的生命历程,单调而重复,十年犹如一天地重复。没有了超越性,人的生命的存在就如同动物的生命一般,最终也会丧失作为人的本质的存在。

超越生命的极限,也是高等学校生命教育的重要内容。教育是要从人的生命深处唤醒人沉睡的自我意识,激发人的创造力、生命力、价值观,使人具有一种觉悟,触及人的灵魂,使人心灵震撼,催醒人内心深处沉睡的意识。使人灵魂的眼睛抽身返回自身之内,内在地透视自己的灵体。在人生中,只有教育才能使人不断认识,不断改正,不断总结,不断积累,不断适应,不断成熟;使人的生命连续发展,不断发展进步,不断创新升华,直到人生命的最大值,即人生命的最大极限,最后坦然走向死亡。死亡是必然,人有生必有死,这是自然的。无论高贵还是卑微都回避不了。但是人可以超越生命的最大极限,即延长人的有限生命,超越人固有的生命。这些目标的达成都与教育有着密切的联系。因为人在世界上,活得时间越长,走得越远,拥有的综合能力就会越强,知识智慧就会越多,生活阅历就越丰富。人们常说,在世长寿,多得福,是修来的。这个“修”字就离不开教育。修身、厉行,要想厉行必须修炼,修身修心,修身养性。身是外在的,而心态和性格是内在的,是看不见的东西,只有通过言语行为表现出来。所以提倡教育要弘扬个性生命，这是对生命的尊重，是对生命价值的尊重，是尊重生命的独特性。①

第二节　青少年生存与死亡教育

一、生存教育

生存是人类在发展中面临的共同课题，也备受世界各国学者的关注。生存教育简单来说就是生存能力的教育。生存能力是指一个人为了保存和发展自己，通过自身的努力在对自己的生存环境和条件进行适应，利用、斗争、创造时所表现出来的综合能力。以培养和训练学生生存能力为主要目的的教育就是生存教育。

（一）生存价值教育

在学校开展生存教育，要注意培养青少年的生存意识，进行生存价值教育，使其养成良好的生活习惯。生存意识也被称为本能意识，是人类的最基本精神，影响和调控着人类的一切行为，如人的学习意识、审美意识、创造意识、求职意识等。应该说，生存意识是其他意识的母体，它充溢在人类的一切活动之中，而子体又以不同的表现形式体现了人类的生存意识。

生存价值教育是为了让学生了解生存的价值与意义，了解生存是实现生命价值的基本途径。当代社会生存异化现象较为严重，高校中也存在生存异化的现象。究其缘由，在于当代社会政治、经济生活发生了巨大的变化，生活方式的变革、外来文化的侵袭以及价值观念的多元导致了人在自我认知中的失度。严重的生存悖论造成了人的困惑，青少年也不例外。

学校的生存教育必须正确而又深刻地回答青少年的世界观

① 龙海霞．大学生生命教育研究[M]．成都：四川大学出版社，2017.

和价值观问题，对于他们提出的问题给一个具有说服力而又令人满意的回答。“学会生存、适应生存”是生存哲学在当代重要的价值旨趣。

总体来说，青少年生存价值教育要让学生充分意识到提高生存能力的必要性，端正生活态度，树立人的自我身心、人与社会、人与自然的和谐观念。

（二）生存知识和技能的教育

全国每年因突发公共事件造成的损失非常惊人。在高校进行生存教育，让学生掌握日常的安全知识以及应对自然灾害的必要常识，能及时帮助学生建立适合自己的生存追求，在价值多元及众多生存异化的现象中，学会判断和选择正确的生存方式，学会应对危机和摆脱困境的知识和方法，满足个体在社会上安身立命的需求。

在高校开展生存知识和技能的教育十分有必要高校生存知识和技能的教育既包括日常安全知识，也包括应对自然灾害，突发事件的必要常识。首先，要普及青少年日常安全知识。随着社会发展进步，青少年的生活空间也随之扩展，交流领域也在不断地拓宽。青少年不仅要在校园内学习生活，而且还要走出校园参加众多的社会活动，危及安全的因素也随之不断增多，诸如无序的交通、变质的食品、水电隐患。若是不慎就可能会造成不幸，给家庭造成痛苦，给社会造成负担。进行人身安全教育，帮助学生了解人身安全的基本常识，掌握处理各种应急情况的技能，提高自身的防御能力，就显得尤为重要。针对当前普遍存在的青少年财产安全意识薄弱、轻信他人、财物保护观念差的现象，更要加强青少年日常安全知识教育，提高青少年的自我防范意识和能力。其次，还要普及青少年应对自然灾害和突发事件的必要常识。学生意外伤害事件的频频发生，不仅给家庭造成了无法弥补的伤害，也为学校工作带来了难题。当今全球已经进入了地震的多发时代，因此，地震应对常识是我们在生存教育中必须讲授和让学生模拟体验的内容。此外,台风、雷击、洪水等自然灾害也是我们生存教育的重要内容。

除了向学生进行日常安全教育和应对自然灾害与突发事件必要的常识教育,我们还需要教授一些必备的技能技巧。在我国,从基础教育到高等教育,生存教育还未被正式纳入教学体系,加之社会民众缺乏生存教育意识,使得人们缺乏防灾意识和自救、救护的能力。现代化社会,人们应该具备一定的急救知识和技能,因为这不仅代表了一个国家国民的综合素质、文明程度和发展水平,同时也标志着一个国家现代医疗健康保障体系的完善程度。

与理论知识介绍相结合的实践技能的培养应该是构成生存教育的重要组成部分。比如,教会学生使用灭火器,掌握人工呼吸和胸外心肺复苏挤压的基本技巧,等等。因此,青少年生存教育应该让学生充分了解日常生活中的水、火、电以及自然界中的地震、台风、洪水、雷击以及一些社会性伤害事件如踩踏、抢劫、盗窃等对人的身心造成的伤害,加强防范意识和能力,并且要在教育过程中提高学生的自救和互救能力,培养学生坚强的意志力和承受挫折的能力,帮助学生树立正确的人生观和价值观,使学生通过自己的不断努力,推动社会的进步与发展。

(三)职业生涯教育

大学生职业生涯教育是高校生存教育的重要组成部分。职业生涯教育从人的全面发展角度出发,通过课程和多种课外实践活动的形式,让大学生树立正确的职业观和劳动观,培养他们对职业生涯的规划意识,使其掌握相应的知识和技能,为未来进入社会奠定基础。职业生涯教育旨在从人的全面发展的角度出发,引导个体树立正确的劳动观和职业观,培养他们规划职业生涯的意识与技能,形成自我调节和自我引导的能力,目标是让每个学生过上适合自己的美满生活。

我国的职业生涯教育萌芽于陶行知先生的“生活教育”思想和黄炎培先生的“生计教育”。虽然起步较早,但因为当时国内复杂的社会政治环境，发展非常缓慢，也并没有实质性的进展。职业生涯教育真正引起教育者重视是在20世纪90年代，我们在引进和借鉴西方发达国家先进教育经验的基础上，逐步在高校中推进职业生涯教育。

在大学阶段，许多学生由于选择了不感兴趣的专业而懈怠甚至荒废学业；还有一些年轻人，读了很多年的书，一直在换专业，总也找不到自己喜欢的，甚至有些人参加工作后，还在为寻找自己的兴趣或适合自己的东西而继续摸索、不断跳槽。

第一，大多数高校的大学生职业生涯规划由招生就业处设置，主要针对大学毕业生进行就业宣传以及就业准备的指导，其目的主要在于帮助学生实现就业，使其掌握转变为职业人的知识与技能。但是这种了结式的就业目标指导，在整个职业生涯教育中处于较低层次。职业生涯的最高目标在于培养大学生自主择业的意识、理念及能力，以谋求其长远的职业发展。而这种低层次的职业教育目标在实现过程中往往会流于形式，并不能保证大学生未来能够拥有良好的职业理念和职业水平。第二，高校职业教育的形式比较单一，主要以课程讲授为主。以四川省某地方高校为例，大学生职业生涯规划课程只有16个学时，且教学形式以讲授为主，内容集中于就业政策解读、面试的技能技巧、就业信息发布等，缺乏心理咨询和职业训练，对职业的决策和实践能力培养也相对较少。第三，高校专业人员不足。当前高校负责就业指导教师为两大群体，第一类群体是从事毕业生就业管理的工作人员，还有一类是兼职的高校辅导员。这两类群体的教师都是兼职人员，在繁重的本职工作之余，没有太多的时间和精力为学生主动开拓就业市场，开展个性化服务。在这样的背景下，高校进行职业生涯教育有了时代的紧迫性。

在高校开展职业生涯教育要加强大学生的专业知识和技能培训，培养职业情感和态度。高等教育大众化后，高校教育质量问题备受争议，且当前的教学模式大多集中于专业课程的理论学习，缺乏企业所需要的知识结构和专业能力，这些问题都是影响青少年就业的不利因素。因此，要设计综合化的职业生涯教育模式，通过课内讲授和课外实践活动等形式，让学生系统地学习教育学、心理学、管理学等职业生涯相关知识，并发展职业能力，建立职业生涯规划的意识，掌握职业生涯规划的方法和技巧，在国家政府支持、社会企业参与、高校主导的三位一体协同联动下，引导他们主动思考人生目标、筹划生命方案、追求幸福人生。职业生涯教育是一个连续不断的教育过程，它需要各阶段教育的相互配合，也需要各主体的互相支撑，进而使得青少年能结合自身条件和现实就业环境，对社会的就业形式有清楚的了解，并在此基础上将个人的人生理想和社会的现实需求有机地统一起来，进行准确的职业定位，实现成功就业。

（四）环境保护教育

生存环境教育是生命教育在每个学段的教育任务。生命教育在达成人的身心和谐、人与社会和谐的同时，也强调达成人与自然的和谐统一。因为，人类生存环境的变化对人的生命质量高低影响重大。20世纪，地球环境遭受了巨大的破坏，一是两次世界大战给环境带来了巨大伤害，二是世界各国发展经济以破坏环境为代价，环境与生态问题日益凸显。生态危机已经成了世界各国面临的重大课题。从1972年起，联合国人类环境会议在瑞典斯德哥尔摩举行，会议的目的是促使人们和各国政府注意人类活动正在破坏自然环境，并给人类的生存和发展造成了严重的威胁。

中国的环境教育萌芽于20世纪70年代。1973年，中国召开了第一次全国环境保护会议并颁布了《关于保护和改善环境的若干规定》，号召要努力开展有关环境保护的研究、宣传和教育工作，要求有关高等院校开设环境保护的专业和课程。这标志着中国环境保护和环境教育的起步，也奠定了中国环境教育概念的基本结构。为了推进环境教育的深入开展，教育部在2003年颁布了两个文件——《中小学环境教育专题教育大纲》和《中小学环境教育实施指南（试行）》，要求在中小学正式实施环境教育。但是当前的环境教育仍然存在一些问题，如理论体系尚未形成，环境教育的实践效果有待加强等，因此，在作为基础教育补充的大学教育中，环境教育的内容同样也是生存教育的重要内容。高校主要从环境观教育、环境理论知识教育、环境治理技术教育、环境史教育以及一些专项问题的角度开展环境教育。对于非环境专业的学生，高校可以根据环境教育的内容和目标，采用课堂讲授、讲座、公益宣传、观察体验、科学研究等多种方式进行，让青少年在了解中外环境历史的基础上，了解环境教育的理论知识和治理技术，进而培养青少年对人与自然双向关系的认知，确立正确的环境观念。

21 世纪是一个创新的时代，充满着竞争和挑战。它对青少年的知识、能力、生存能力提出了更高的要求，也对高校人才培养的目标提出了更高的要求。高校不仅要培养学有所长的未来建设者，同时也要让学生学会生存，使其拥有善待生命、健康生活的社会智能。[①]

二、死亡教育

死亡教育是当前生死哲学研究的新领域，是生命教育的重要组成部分，也是生命教育的特殊形式。近年来，随着社会的进步，科学技术的飞速发展，人们在关注和重视生命教育、健康教育的同时，也开始重视死亡教育。

关于青少年的死亡教育，还缺乏成熟的做法，因此，必要的策略在于理清思路，把握重点，分步实施。死亡教育是一个意义深刻的话题，然而对于不同的人群，它的意义又是不尽相同的。因此，我们只有充分理解在青少年群体中开展死亡教育的重大意义，才能奠定起扎实的思想基础，自觉的进行死亡教育。

① 龙海霞．大学生生命教育研究 [M]. 成都：四川大学出版社，2017.

（一）死亡教育的起源和内涵

死亡是生命历程中的自然环节。在西方社会，随着医学和心理学科的发展，死亡问题的研究体系以及死亡教育体系相对比较完善。由美国发端的“死亡学”，已经走进了很多大学的课堂。在我国，情况则有所不同。由于受中国传统文化的影响，国人对“死”向来比较避讳，每每涉及与死有关的问题，大多与恐怖、不祥等负面因素联系起来。在传统文化和其他各种因素的共同作用下，我国对“死亡学”的研究明显滞后，对死亡教育的开展也才是近几年的事。因此，学习与借鉴别国的成功经验，相当有必要。

美国是世界上最早开展死亡教育（Death Education）的国家，其开展死亡教育的最早历史可以追溯到1928年。该年，John C. Gebhart发表了第一篇关于美国葬礼及殡仪馆的评价方面的文章，可视之为死亡教育的滥觞。20世纪70年代，日本开始关注这一课题并大量引进美国的研究成果，结合日本“岛国”的实际情况，开展符合民族特点和具有时代特色的死亡教育，出版一些以死亡为主题的专著，在大学开设死亡教育的课程，开展生死学研究领域的讨论等。例如，日本出版界先后出版《生与死的思考》《对孩子来说什么是死》和《人生的临终图画》等书籍。欧洲一些发达资本主义国家也非常重视死亡教育，它们从各自国家的实际状况出发，进行了多方的探索，取得了较好的成果。

孔子的“未知生，焉知死”，本是对弟子子路“敢问死”的回答，是孔子对子路率真的性格而因材施教的作答，但由于孔子的确在其他场合较少谈论死亡的问题，这便自然成为孔子的生死观了。众所周知，由于孔子在文化上的地位和影响力，也就成了中国回避死亡问题的文化起源。重生轻死、重生恶死，它致命的缺陷在于割裂了生与死的联系，人们在生活中丧失了思考彼此价值和意义的背景和平台，因而也就使我们的生活缺乏了应有的深度和力度，作为一种生死观，作为一种健全的文化，则要求我们对生命过程要有完整叙事，不能回避、消解死亡问题。

当然,由于东西方文化的差异和不同的理解,人们对什么是死亡教育以及死亡教育到底要解决什么问题的认识似乎有所不同。但综合前人的理解与认识,我们认为,所谓死亡教育,是就如何认识和对待死亡所进行的教育,它从心理学、伦理学、社会学、医学、经济学、护理学和法学等不同方面增进人们对死亡的认识,善待生命,在面对自身或他人的死亡时能寻求良好的心理支持,死亡教育所探讨的不只是死亡本身的问题,还包含人们对这个世界的感觉与情感。

一般来说,死亡教育应该包含死亡知识教育、死亡态度教育和死亡意义教育等三个部分。这三方面内容构成死亡教育的基本框架,三者之间相互关联、相互渗透、协同发展、不可偏废。

第一,死亡知识教育是死亡态度教育的前提和基础。所谓死亡知识教育主要是概念性的知识教育,例如什么是临床死亡、什么是脑死亡、什么是心脑死亡、为什么说死亡有不可逆转性的特点等等。我们要通过宣传"生老病死"的自然规律,宣传死亡的不可抗性和自然性;从医学、生理学、自然科学的角度,解释死亡的原因与规律,扫去笼罩在世人心里的关于死亡问题的阴霾。从而使人们对死亡及其相关知识有一个系统、科学的认识和掌握。这个环节是我们开展死亡态度教育的必要内容,也是科普工作的重要内容。

第二,死亡态度教育是死亡知识教育的丰富和发展,是死亡意义教育的基础。死亡态度教育必须要在死亡知识教育的基础上才能顺利开展。我们只有在科学地认识什么是死亡以及死亡的相关科学知识的前提下,才能教育大家要树立科学死亡观。所谓"科学死亡观"是指人们在面对死亡时应有的积极科学态度,它是人类终极关怀的重要内容。其实说到底,生是一种偶然,死则是一种必然。对于冥冥中出生、恋恋中离世的我们来说,生与死都无法选择,只有坦然地去面对、去承担。

第三,死亡意义教育是死亡态度教育的拓展和延伸,是死亡知识教育的升华。死亡意义教育主要是通过形式多样的教育途径，使人们进一步理解和明确“人固有一死，或轻于鸿毛，或重于泰山”这句话的哲学内涵。要教育人们，死亡是生命的环节，不可避免。

但是，要“死”得有意义。如何“死”得有意义，首先要“生”得有意义。有些人珍惜青春，珍惜生命，在有生之年，不断开拓进取，不断创造辉煌，就是“生”得有意义；有些同志把宝贵生命献给了国家、社会和他人，把有限的生命融入到“无限的精神世界”中去，就是“生”得有意义，也是“死”得有意义了。

由此可见，死亡教育不是教育人们“躲避死亡”，也不是教育人们去如何“结束生命”，更不是美化死亡。而是通过大量科学知识的宣传和教育，让人们树立正确的死亡观，从而引导人们领悟死亡的本质，探寻死亡的意义，更加热爱生命，利用有限生命时光创造更多生命奇迹。[①]

（二）青少年死亡观教育

生与死是一个相对概念，生是相对于死的一种存在形式，死是相对于生的一种概念。“生死观”是相对一个生命体而言，基于“生”和“死”两方面的认识和观点，是个人所表现的生命观和死亡观，它是个人世界观和价值观的组成部分，也是主导个人生命过程的指导思想。“以人为本”思想已经成为我国的主流思想，一切围绕人、发展人、服务人成为社会的价值取向和奋斗目标。

1. 死亡的本质

死亡似乎是谁都知道的事，但很难真正说得清楚，显然，对于真正需要洞察死亡真相、了解生命意义的人来说，这样的状况是无法令人满意的。只有对死亡的真谛有着一定认识和理解的人才能真正从死亡这一事件中汲取生命的智慧，延续现实生命的维度。

（1）生物学上的死亡。生物学上的死亡指的是肉体死亡，它是机体内同化、异化这一对矛盾运动的终止。人体内各个组织器

① 叶华松．大学生生命教育[M]．杭州：浙江大学出版社，2011．

官需要呼吸、循环系统供给足够的氧气和原料，进行新陈代谢。新陈代谢一方面促进人体的呼吸和血液循环，促进人体的生命活动；另一方面，新陈代谢也是氧化过程，产生的氧基会伤害线粒体，危及人体细胞核，促进机体老化，最后导致机体生命活动和新陈代谢终止。

（2）哲学意义上的死亡。人的生命既有肉体生命，也有精神生命，两者统一于人的一体。肉体死亡是指人的物质肉身的死亡；精神死亡是指人的思维以及高级理想活动已经停止，或者停止其正常范围的追求。一般而言，人的肉体死亡必然会带来精神死亡，因为人的肉体死亡，意味着大脑的死亡，而大脑是人的精神源泉，进一步也就是精神死亡，因为精神的载体已经死亡。这里所说的精神死亡，除了这一意义外，还特指没有思想、没有该有的精神意蕴，像动物一般的活着，不具备为人的资格。在当前的社会中，一些人，包括个别的青少年，生活没有理想、没有追求，犹如一具行尸走肉，其精神枯萎。

显然，哲学比生物学所探讨的死亡本质更深了一个层次，它所关注的不仅仅是人的纯肉体死亡，而且涉及人的精神层面，触及死与生的关系。

2. 青少年死亡教育的途径

青少年的死亡主要由两个因素引发：一是外部因素，外部因素主要是指社会变革、社会动荡、传染性疾病、交通事故和伤害他人等原因导致的青少年死亡事件；二是自身原因，自身因素主要是指青少年因内心承受不了就业、学习、恋爱、交友等各方面的压力。针对青少年的死亡现状，高校可以采取以下路径开展教育。

（1）抵抗诱惑的教育。对当代青少年进行生死观教育的同时，要理清当前社会对于青少年的主要诱因，指导学生抵抗诱惑，形成良好的生命意识，才能避免相关的校园危机的出现。

第一，加强青少年抵抗诱惑的心理教育。社会上许多不法分子，把作案对象选择为青少年，对其进行骗财、骗色等。高校必须注重引导青少年学会增强对自身心理活动的认识、判断与评价能力，不断增强抵抗诱惑的能力。

第二，培养青少年在交际网络与关系下识别诱惑的能力。复杂的人际关系，以及在交际过程的不良诱惑往往成为影响青少年思想和行为的重要因素，如果处置不当就容易滑向消极一端，甚至酿成悲剧。为此，引导青少年树立起人际交往的基本意识，掌握人际交往的常识，让他们学会既要与别人友好和睦地相处，培养他们良好的人文关怀、社会关怀精神，学会尊重他人、欣赏他人、爱护他人，又要培养他们在交际网络与关系下识别诱惑的能力，这在当下显得十分必要。

第三，加大对青少年网络游戏的监管力度。21 世纪互联网的应用飞速发展，标志着一种以信息为标志的崭新的生活方式已经开始，这也对青少年的生命教育提出了严峻的挑战。网络传播的暴力和自杀信息对青少年的暗示作用不可小觑。面对网络游戏对学生的消极影响，一方面，应科学引导他们合理地使用，适当地娱乐，切不可沉溺其中，不能自拔；另一方面，要关注网络成瘾者的身心健康，帮助他们树立信心，争取早日从网络游戏回归到现实生活。

第四，培养青少年建立正确的竞争理念。随着全球经济一体化的趋势加强，国际竞争和国内竞争越来越激烈，可以说每一个人都生活在激烈的竞争压力中，各种竞争的加剧导致青少年的学习压力迅速增大，特别是高校毕业生求职压力。为此，一方面，全社会要切实为青少年营造安全的求职环境；另一方面，要培养青少年建立正确的竞争理念，端正心态。

（2）远离自杀的教育。当下，青少年自杀等漠视生命的现象屡见不鲜，并且在校园有愈演愈烈之势，要通过科学的教育方式使之形成正确的死亡观，敬畏生命，远离自杀。

第一，转变教育观念，强化青少年生命意识。高校必须转变教育观念，树立以学生为本的科学发展观的理念，必须强化青少年的生命意识，使青少年找回生命成就感，帮助他们在追求科学知识的同时找到合理的生存、生活方式；教育青少年彰显个体生命的多样性、独特性，在教育过程中肯定自我，掌握命运；培养青少年的生命和谐意识，摒弃生命“异化”现象，努力促进个人身心的和谐发展，个人与他人的和谐发展，个人与自然的和谐发展，个人与社会的和谐发展。

第二，正确认识生命，引导学生欣赏生命。对于人来说，生命只有一次，丢失了就无法再找回来。人生的失落与痛苦，是生命成长的一部分。教育者应协助青少年用积极的方法来面对这些失落和痛苦的经历，最后找出自我生命的意义与价值，展现更积极的态度，把握现在，活在当下。

第三，敬畏生命，提升青少年生命质量。正因为生命对于每个人来说都仅有一次，所以世上最可宝贵的莫过于生命。我们应反对轻视生命的态度，反对虚无化生命，要渴望生命的价值和意义。学校需要引导学生在生命的探索中，敬畏生命，注重生命质量的提升。

第四，提升生命价值，期许学生尊重生命。个体的生命是有限的，但是人的生命一旦与社会和他人联系起来，便有了质量高低之分，一个人为社会和他人做出更多、更大的贡献，其生命质量就高。因此，人的生命价值是通过改造自然、推进社会来充实和提升的。

当然，对青少年开展死亡教育，其作用不仅仅在于抵抗诱惑和防止自杀等，而且还在于提升了人们的生活质量和获得了较高的生存品质。

（三）青少年生命关怀教育

1. 生命关怀的内涵

生命是短暂的、具有不可逆性，需要对生命的关怀。生命关怀是对生命的引导，即对人之尊严引导，人之生活引导，人之德行引导，人之求知引导，人之智慧引导。生命关怀强调以青少年的生命活力为基础，以承认不同禀赋、性格和能力的差异为前提，通过最优化的教育方式，唤醒人的生命意义，开发人的生命潜能，激发人的生命活力，提升人的生命质量，最终促使青少年身心素质得到全面发展，使他们成为学校教育的最大受益者。

2. 生命关怀教育的途径

（1）构建生命关怀教育体系。青少年生命关怀教育应从生命本体尊严和生命实践价值两方面来构建其目标体系、内容体系、保证体系和监督体系，从而使青少年的生命关怀教育落到实处。

（2）完善个体生命观的科学认知。①生命意识的教育。生命意识是人对生命存在的一种自觉也是一种道德责任的承担。要引导学生认识生命、欣赏生命、珍惜生命并勇于生存。②生命价值教育。一个人的生命价值观是其生命观的重要组成部分，它是影响个体对自身生命重要性认识的最重要的因素。在现实生活中，许多青少年对未来有着美好的想象，他们中绝大多数人认为人的生命是宝贵的，想让自己的生命创造出富有价值的人生意义。他们中也有不少人也曾为此做过美妙的人生规划，但随着现实社会中不确定因素的日趋增多和生存竞争压力的不断增大，自己的规划也就不可能一帆风顺地实现，长此以往，容易让他们陷入某种犹豫不决、无所适从的彷徨境地，会对自己的人生规划产生怀疑，有的甚至会放弃自己的人生追求，实现不了自己的生命价值。③生命行为教育。对青少年开展生命行为教育，关键在于优化人际关系和生涯规划的教育。青少年若拥有良好的人际关系，又有客观、合理的生涯规划，其表现出来的生命行为自然就会积极、主动、上进。

（3）加强对青少年自身心理的认识能力教育。高校必须坚持以青少年为本的理念，不断深化教育改革，转变以往一味地传授文化知识、专业技能和职业技巧的功能理念，要回归教育的原点，使教育服务于生命，彰显其价值。评判高校教育成效的“基本的尺度是看它有没有体现对生命的尊重和关爱，有没有使每个身处教育世界中的生命都焕发了生命活力，有没有使生命的能量通过这样的教育得到了增殖、提升和扩展”。要提升青少年的生命活力和能量，关键在于使青少年拥有健康的心理知识和心理自救能力。对青少年做好心理健康知识的普及，提升青少年心理自救能力，针对每个学生的不同实际问题，做好深入细致的心理工作，是高校对学生实施生命关怀的一项重要内容，也是高校教育的神圣职责之一。如何做好这些工作呢？高校仅靠开设几节心理学课程，配备几名心理咨询师是远远不够的，应该在教育的全过程中下工夫，应当将长期而宏大的心理工程加以更加细微和具体的程度分化。高校要营造良好的育人环境，每个教师都要承担起青少年“心育”的职能，定期或不定期地举办心理健康活动，邀请专家学者教育学生如何解决自身存在的心理问题等。总之，通过全方位的、系统的、有效的教育活动，使青少年在活动中潜移默化地得到心理锻炼和熏陶，也在受教育的过程中，学到生命所需的心理知识和自救技能，提升自己的生命活力和能量。①

（4）加强对青少年人文素质教育。青少年的人文素质是指青少年在人文方面所具有的综合品质和达到的发展程度。现在大学强调更多的是“科学”“技术”“实用”等。青少年毕业后，要走向各自不同的工作岗位，因此，在校期间必须经过一定的专业知识和技能的学习和训练，具备一定的专业素质，拥有一定的科学技术知识，这是不言而喻的。然而，必须强调的是，人文素养也是未来的工作不可或缺的重要内容。相形之下，现在的青少年往往在人文素养方面显得比较欠缺。有的青少年个人工作能力强、水平高，可为人处事就是不行，主要就是人文素质缺乏的表现。

（5）注重社会实践，构建和谐环境。社会实践活动中有丰富的生命教育资源，倡导教育要回归生活，指导实践。这有利于促进青少年多维度的思索和体悟，从而理性地选择自己的生活方式，自觉地为实现自己的生命价值而努力。

---

① 叶华松．大学生生命教育[M].杭州：浙江大学出版社，2011.

（6）开设生命关怀教育课程，使生命关怀教育系统化。随着社会的发展，一部分青少年的生命质量没有因为物质生活的提高而提高，生命的幸福指数反而下降了。因此，高校必须敏锐地抓住突出的社会问题，及时而细致地组织专门的生命关怀研究团队，基于我国高校的具体情况编写和开设可行性强的生命关怀教育课程，对青少年进行生命教育，这也正体现了以人为本的教育理念。

在高校重视和倡导对青少年开展死亡教育和生命关怀教育，不仅意味着对青少年个体自然生命的尊重，还是落实以人为本的科学发展观和构建社会主义和谐社会的本质要求。

第三节　青少年挫折教育

挫折感是一种心理现象。挫折情境指产生挫折的原因，也就是使预定目标无法实现的客观因素或主观因素，因此，它可以是人也可以是物，也可能是各种自然环境和社会环境。挫折认知是人们对于挫折情境的知觉、认识和评价。而挫折行为是人们在遭遇挫折后，伴随着挫折认知所表现出来的反应，它包括情绪性反应、理智型反应和个性变化。情绪性反应是个体在遭遇挫折后出现的强烈的心理体验或特定的行为反应，如攻击、冷漠、退化、固执、幻想、逃避自我等。而理智型反应是个体在遭遇挫折后采取的积极进取的态度，用于克服困难、排除阻碍，毫不动摇地朝着预定目标前进。个性变化是个体在遭遇重大挫折后产生持续的紧张状态而形成的较为固定的个性特点。而挫折教育是一种有目的、有计划、有组织的教育行为，它不同于学生在日常生活中遭受的挫折打击，并不是教人如何回避困难，而是主张以一种积极的心态去面对挫折，并在战胜挫折中成长。

青少年人生经历较单一，在成长过程中除了学业挫折，几乎鲜少遇到其他困境。由于经验缺乏，心理承受能力较弱，出现了极少数青少年行为倒退甚至是伤害生命的情况。这些情况的发生再一次给高校管理者敲响了警钟。

在全球化发展、国际社会竞争日益剧烈的今天,青少年作为未来社会的中间力量,将会迎接前所未有的挑战,因此,增强青少年承受挫折的能力,不仅是高校生命教育的重要内容,还为人才强国提供了智力支持,关系到国家未来发展的前途和命运。

一、我国挫折教育存在的问题

纵观我国高校挫折教育多年的实践历程,收获颇丰,但也存在一定的问题。

第一,青少年挫折教育的理论和实践缺乏系统的设计。我国的青少年挫折教育属于思想政治教育的组成部分,在国内刚刚起步,学者对此缺乏系统、深入的研究,因此在实践中缺乏科学理论的指导,挫折教育的内容、大学挫折教育如何与中小学挫折教育衔接、实施途径、效果评价等各个环节缺乏统一的标准。高校挫折教育实践环节主要由辅导员实施,再加上高校学工系统、教学系统各自为政,教育主体不够明确,因此没有形成教育合力,效果大打折扣。

第二,高校挫折教育的内容和形式仍然沿袭传统,缺乏创新。当前高校挫折教育并未在充分调研后进行针对性设计,往往是在思想政治类课程中进行理论讲授,缺乏社会实践操作和日常挫折教育训练,学生没有体验感,因此,很难达到教育的预期目标。

此外,在挫折教育中,主体不明确,特别是没有发挥青少年本人的主体作用,这是当前高校挫折教育中普遍存在的问题。挫折教育不是专业课程,不需要从头到尾由教师讲授。换言之,青少年并不完全是挫折教育的受教育者,同时也应该是教育的主体。因为融入了他们自身经历,有体验和感悟的挫折教育才能够引起青少年的共鸣,才能够产生教育的实效。所以说,高校挫折教育在实践中忽视了“以教师为主导,以学生为主体”的基本原则。

二、青少年挫折教育的内容

在坚持以教师为主导，青少年为主体的基本原则下，倡导学校各个部门相互配合，形成教育的合力。高校挫折教育的内容大致有以下几个方面。

第一，引导青少年对挫折进行正确的认知和归因。一方面，引导学生认识挫折的两面性。正如巴尔扎克所说："苦难，对于天才是一块垫脚石，对于能干的人是一笔财富，对于弱者是一个万丈深渊。"因此，人生中的挫折和磨难并不都是坏事，它可以促使我们去为环境的改变而奋斗，也能够磨炼我们的意志和品格，增强智慧和创造能力；同时，我们在遭遇挫折后也要进行经验教育总结，尽量避免不必要的挫折。运用心理学所提倡的"意义换框法"，让青少年转变对挫折的认知。此外，归因也很重要，将引起挫折的原因归结为外部原因还是内部原因，将直接影响青少年的行为选择。在归因中，教育者应该有意识地引导学生，只要能使挫折情境得到改善和消失，挫折感也会随之消失。归结为外部因素，就要坦然面对，或者是调节自身的抱负水平，提出适合个体能力水平的且具有挑战性的标准。归结为内部因素，就应该总结经验教训，找出问题症结所在，发现自己的弱点，力争改正，发扬优点：振作精神，鼓起战胜困难的勇气，树立信心。提高承受挫折的能力。

第二。适当地进行磨难教育。孟子曾经说过："故天将降大任于斯人也，必先苦其心志，劳其筋骨，饿其体肤。空乏其身，行拂乱其所为，所以动心忍性，曾益其所不能。"磨难教育能增加青少年的挫折容忍力，而且实践也证明了这一点。纵观中外历史，事业大成者无不经历了巨大的艰难困苦。在高校进行磨难教育可以通过社会实践活动或是体育锻炼来实施。创设青少年能够接受的磨难环境，适当地控制难度，在教育中提供保护。针对学生个体创设有针对性的磨难教育，让学生在多次经历中学会进行挫折的自我调适和容忍力。

第三，帮助学生建立心理防御机制，提供情绪宣泄的安全机制。高校应联合校内心理健康教育部门，培养学生良好的心理素质，建立青少年挫折教育的心理防御机制，还要教会学生宣泄情绪的途径和方法。青少年在遭遇挫折后会出现强度不同的情绪反应，如焦虑、冷漠、压抑、自卑等，并且有可能会出现一些攻击性的行为。因此，在教育中，我们要对学生面对挫折的积极情绪给予赞赏，同时也应该宽容学生的消极情绪，引导他们进行适当宣泄，否则消极情绪郁积后爆发的后果往往不堪设想，极端情况下甚至有发生恶性事件的可能。必要的心理疏导和情绪宣泄是高校挫折教育的重要内容。

第四，加大对高危人群的挫折教育。在高校，所谓的高危人群是新生、毕业生和贫困生。新生刚刚进入大学，大学中的校园文化、人际关系和高中完全不同，以学习为唯一目的的环境改变后，青少年的特长、情商、人际交往能力成了他们能够在校园里独领风骚的重要资本，而很多学业优异者进入大学后优势不再，自尊心和自信心都会受到一定的打击，容易出现心理问题。毕业生在当前严峻的就业环境中，面对各类公招考试或应聘失败，倍受打击，也容易使他们产生心理问题。贫困生由于经济条件较差，较大的经济压力和精神压力使得他们思想包袱很大，也容易产生心理问题。因此，高校挫折教育应该重点抓好高危人群的教育。

第五，不断提高青少年挫折承受力。从现实情况来看，心理承受力弱、耐挫能力较差是青少年中普遍存在的问题。人对挫折的承受能力和适应能力受多种因素影响，它像其他心理品质一样，也是可以经过学习锻炼而获得的。一方面，青少年可以有意识地创设一定的挫折情境，对自己进行加强意志、魄力和挫折排解力的训练；另一方面，注重加强自身的知识储备，也是提高挫折承受能力的基础。另外，青少年应该做好随时应对挫折的心理准备。①

① 龙海霞．大学生生命教育研究[M]．成都：四川大学出版社，2017.

第四节　青少年应对突发事件教育

随着经济发展，文化的急剧变迁，外部环境的变化以及社会转型的阵痛和潜在的社会矛盾导致部分青少年思想混乱、信仰缺失，职业道德和社会公德水平下降，自由主义、拜金主义、个人主义等对高校改革发展产生了重大的影响。近年来，高校突发事件频发，表现出了多样化的特点，如意外伤亡、暴力行为、学生食物中毒等。这些意外事件的发生不仅伤害了一些青少年的生命，也给社会带来了不良的影响。面对种类繁多的突发事件，提升青少年的应对能力和自救本领，是高校教育工作者开展生命教育的重要内容。

关于高校突发事件的类型，按照不同的标准，国内学者划分的类型不尽相同，但总体说来，按照内容可以划分为自然灾害事件、事故灾害事件、公共卫生事件、社会政治稳定类事件、人际关系因素类事件等，按照事件的性质可以分为政治类事件、治安安全类事件、学校管理类事件，按照人群可以划分为个体类事件和群体类事件，按照危害的结果可以划分为人身及精神损害类事件、财产损害类事件、秩序损害类事件及综合损害类事件，等等。青少年突发事件的偶发性大、影响面广、破坏力大、扩散性强、后果难料等特点进一步加剧了高校生命教育任务的紧迫性。青少年突发事件的教育尽管成了学界研究的一个焦点，但是由于起步较晚，仍然存在很多问题。比如青少年突发事件的法律、法规和相关政策及预案缺乏，青少年对突发事件的管理意识较弱，缺乏应对的知识和能力，各校各部分的横向沟通不够通畅，积极应对突发事件但是忽视预防，等等。因此，在高校必须建立起一套系统的突发事件的预防和应对机制。

青少年突发事件预防机制是指在危机尚未爆发之前，为应对可能出现的问题进行的一系列管理工作机制。这一预防机制的建立需要各部门之间的通力合作。一方面是要建立专门应对突发事件的管理机构。专门管理机构的建立是提高合作效率的重要途径。各高校根据自己的具体情况,可以设立实体管理结构,也可以设立虚拟机构。从当前高校编制紧缺的现实来看。设立虚拟管理机构是高校部门结构设置的最佳途径。所谓虚拟机构是以解决具体问题为目标,从行政、学工系统抽调骨干教师组成项目小组,并根据事件大小确定参与人数,具有极大的灵活性。另一方面,要建立青少年突发事件的预警机制。一是要培养师生的危机意识。危机意识是高校突发事件预警的起点,我们要时刻提防变化的环境对高校带来的冲击和伤害。更要从各种高校问题中发现突发事件出现的征兆,及早觉察,及时排除。二是要积极开展应对突发事件的教育和训练,加强突发公共事件应急演练工作,检验和完善高校应急预案,增强广大师生公共安全意识和防灾避险的能力,提高应急处置工作水平。高校可以通过安全知识讲座向师生介绍相关的知识和技能;此外,通过模拟演练,使各个机构在处理青少年突发事件的管理过程中相互配合、相互协作。

预防机制的建立是高校防范突发事件的基础。要有效处理、及时应对突发事件,建立相关的处置机制是关键。第一,建立有序的应对行动机制。高校突发事件往往形势紧迫,管理部门首先必须做出正确的决策,立刻启动事先准备的应急预案,以避免事件的进一步扩大化。其次要做好人、财、物的调度管理。在配合各部门行动中还需要做好青少年突发事件的监测工作,防止连环事件的爆发。高校管理者在处理的过程中还应该积极关注事情解决的进展工作,监测负面影响是否在减弱,特别是要监测青少年的心理变化,以便采取有针对性的措施,防止青少年突发连环事件的发生,避免负面影响进一步扩大。第二,建立及时、准确的信息发布机制。突发事件往往影响极差,高校如果不能及时辟谣,平息媒体和青少年的过度反应,后果将更加严重。

在突发事件发生后,高校应该选择恰当的时间,通过多种途径向青少年和公众发布信息,这样才能够让青少年及时了解问题解决的程度，防止恐慌的发生。此外，高校还应该建立突发事件的善后机制。突发事件解决以后，学校要及时总结经验教训，防止类似事件的再次发生。

第七章　青少年生命教育课程与环境建设

通过前面的分析我们已经意识到青少年生命教育的重要性，学校作为进行该项教育的重要参与者，对于相关课程的设置必然要引起足够的重视。学校、家庭和社会是任何教育活动开展的三大阵地，生命教育的实施过程也必须依托这三大阵地来展开。生命教育实践需要发挥学校教育主阵地作用，以学校教育为主导，带动家庭教育，辐射社会教育，形成学校、家庭和社会三位一体的教育网络，建构教育合力，促进青少年生命教育的科学化。

第一节　青少年生命教育课程的建设

一、青少年生命教育课程建设原则

生命教育课为何这样设计而不那样设计？是基于什么样的方法论的思考呢？

第一，关注生命困顿。生命教育课的教材编写及讲授都应该由学生之生命困顿切入而非由既有的知识体系出发。所以，生命教育课程的设计也许永远没有定式，一切随听课对象生命成长中的生命困顿的不同而变化。生命教育课的设计与知识性课程关键在其出发点与解决的问题不同。

第二，关注生命个体。应该从独特的“生命个体”而非一般的“类生命”出发来设计并讲授生命教育的课程，教学的目的是使学习的对象能够做到“知行合一”。生命教育课的老师要从抽象的“人”深入到“个体的人”；从一般的“类生命”进入到独特的“个别的生命”。因为人的生命成长的背景不同，人的生活经历也不一样，其产生的生命困顿也不同。当然，人们在大致相同的年龄阶段也会有一些共同的生命感受和生命困顿，但老师却必须要特别关注学生们那些不同的生活经验、体验与生命中的问题。所以，老师除了要深入了解学生们一般的生命困顿，还必须去了解学生们个别的、具体的生命困顿，以此来设计生命教育课程的内容，并进行灵活多样性的教学，才能达到良好的效果。①

第三，关注生命成长。生命教育课的成功与否完全取决于学习的对象在生命上是否成长了，其生命的困顿是否解决了，在生活中能否做到知行合一。所以，生命教育课成功与否的最终评判标准是学生的生命品质增长与否。

总之，生命教育给教育注入了新的元素、新的血液，可以纠正以往教育发生的偏差，因为教育的价值不仅仅是授人以知识和技能，在最本质的意义上是使人成为人，引导每一个生命体走向更完整、更和谐、更幸福、更快乐的境界。所以，生命教育的确就是教育的生命力之所在；而且，其提供的新的教育教学的方式与方法必将促进教育的健康发展。我们每一位老师，无论从事哪一科目的教育工作，都应该具备生命教育的素养，学会生命教育的教学方法，这就必须理解生命教育的真谛：我们不是教书，而是教人。也就是说，应该透过书而见人，穿过知识而深入学生生命的层面。②

二、青少年生命教育课程的必修课——生活技能训练

生命教育，传授生命教育知识是基础，但学习知识不是生命教育的目的，诚如杜威所言：“学习是一个生长的方法”“教育过

① 郑晓江．生命教育课程的设计与教学的独特方法[J]．中小学心理健康教育，2012（7）：10-12.

② 郑晓江．生命教育[M]．北京：开明出版社，2012.

程并不在于获得一套工具，而是一个学习人类生长的手段和方法的过程”。对于中小学生来说，生命教育课程应该把生活技能训练放在首位，因为，青少年正在经历着身体、心理和社会适应三个方面的巨大改变。身体上，他们已经开始显示出第二性征；心理上，他们的自主性、独立性开始觉醒，社会适应方面，介入社会生活的渴求和自身能力的不足之间的矛盾日益明显。身心的剧烈变化，参与社会的强烈渴望，同他们自身知识和能力的缺欠形成了极大的反差，形成了问题行为的心理社会因素。当矛盾激化，青少年常会产生吸烟，饮酒，吸毒，过早的、不安全的性行为，暴力，自杀，缺乏体育锻炼，不合理营养等危险行为或问题行为。为了帮助青少年顺利度过危机期，生活技能训练必须成为一门必修课。

生活技能主要包括如下十种能力：①自我认识能力，即对自己的感知力。②同理能力，即正确地了解他人的感受和情绪，进而理解、关怀，达到感情上融洽的能力。③有效的交流能力，即与其他人在合适的时间和地点分享想法、看法和信息，包括文字、谈话和非语言交流，图像交流、电讯交流。④人际关系能力，即建立、维持良好的人际关系，改善或放弃恶劣的人际关系的能力。⑤调节情绪能力，即培养乐观向上的态度，合理表达、克制情绪冲动。⑥缓解压力能力，即正确认识紧张的原因，自我控制，合理宣泄或运动，缓解压力的能力。⑦决策能力，即根据既定目标认识现状，预测未来，决定最优行动方案的能力。⑧解决问题的能力，即在生活和工作中分析问题，查询信息，寻找方法，分析评估不同方法的利弊，制定计划，然后实施等一系列活动的能力。⑨创造性思维能力，即指思维主体进行有创见的思维活动的能力。⑩批判性思维能力，是指抓住要领，严格推断，质疑辨析，清晰敏捷的思维能力。这些能力不是孤立的，它们之间存在密切的关联性。

生活技能训练的主要内容包括如下 18 个方面：①改进生活技能与健康。避免由不良习惯引起卫生健康问题。②了解自己。

透过自我察觉，自我判断，正确认识自我，造就快乐自信的人格。③自我肯定。受到不公平待遇时，个体要自我肯定，同时也尊重他人，理性、和平地主张自己的权益。④培养责任感。在生活工作中，每个人都担负有一定的义务和责任，在履行社会、家庭义务时充分积极，有效地完成自己的任务。⑤情绪调节。情绪是人类行为中特别复杂、重要的部分，往往会对身心造成伤害。承认自己的情绪，以健康的方式调节情绪对个体而言是非常重要的。⑥学会倾听。倾听是了解对方的意见看法，达成协议的基础，是交流必需的方法。倾听应发自内心，乐意听到不同的声音，这样倾听才能进行。⑦沟通与交流。培养协商技巧，提高自己与他人沟通，解决问题的能力。⑧理解他人。人与人的思想不完全一致，比较难以达成一致。交往时个体应积极了解他人的情绪、顾虑、情感并设身处地为其着想，实现人与人之间更深层次的互动。⑨解决问题。学会处理日常生活中遇到各种复杂问题。学会分析问题，寻找解决问题的突破口，制定计划并组织实施。⑩缓解紧张和压力。过度的压力会造成忧虑、恐惧，常会导致各种疾病。有效调解及疏导压力包括正视压力，自我调整，自我放松，找出压力来源采取措施改变现状等。⑪发挥创造力。包括批判思考和创造性思考，养成独立分析的能力、习惯，跳出传统的思考方式，综合运用概念和规律，寻找最适合的方案解决问题。⑫选择与决定。为了做出比较符合现实情况的和选择，个体必须立足具体情况，全面考虑做出决定。⑬学会说“不”。同伴的不合理要求已经导致了许多消极事件，甚至刑事案件的发生。当面对不合理要求时，个体应认真考虑采用直接或委婉的方式，勇敢地拒绝不合理要求。⑭行为上异常（吸烟、饮酒）的危害。正确认识吸烟等行为不是成人的必然表现。成长应是一个过程，一种心理、生理的完善，而非某种特定的行为表现。⑮远离毒品。毒品问题是社会的一个肿瘤。一些青少年错误地跟随朋友吸毒，是他们吸毒的重要原因。正确地看待朋友、加强自律是帮助他们远离毒品的重要方法。⑯异性交往。青少年生理发育接近成熟，学会正确处理与异性交往中出现的焦虑、烦躁等问题。⑰保护自己。青少年常高估自我能力,对社会问题的复杂性缺乏必要的认识,忽略了对自我的保护,造成了伤害事件。开展生活技能培训,告诫他们在日常生活和学习中可能存在的危险和相应自我保护方法,帮助他们的健康成长。⑱走向健康。人际关系是影响着个人、家庭、学校、社会生活,建立与维持良好的人际关系对现代人十分重要。尊重别人的感受和需要,与人合作;学会纳人悦己、共同发展是心理健康表现。要实现心理健康,生活技能尤为重要。同时,在竞争加剧的时代里更要强调合作,协调、妥协等的重要性。这些问题是否能得以圆满处理,与个人、社会的发展密切相关。

三、青少年生命教育课程内容的具体选择

目前的青少年生命教育课程应该是三类课程的融合:一是将生命教育渗透到各个专业的教学中的渗入式课程;二是将生命教育的内容融入到“思想道德修养与法律基础”“大学生心理健康教育”等密切相关的课程中;三是选修类专门的生命教育课程。

下面列举两个已经开展了生命教育课程的院校的情况。

(一)温州医学院生命教育的推广及研究活动

从2009年6月温州医学院专派一批老师参加了“中华青少年生命教育教师高级研修班暨海峡两岸大学生命教育高峰论坛(杭州)”,先后请了纪洁芳教授、何仁富教授、欧阳康教授讲学和推广生命教育,终于在2011年度,在温州医学院生命教育团队的共同努力下,成功开设了36个学时的“大学生生命教育”选修课,课程内容分“生之智慧”“生之探索”“生之关怀”三个章节,具体包括“认知生命”“情感体验”“创造力培养”“生涯规划”“和谐社会”“守护生命”“走出悲伤”“临终关怀”等学习单元。通过课堂的理论教学、互动体验及课后思考和实践,力求让学生感

受生命的起源、生命的诞生、生命的成长、生命的境遇、生命的死亡和生命的意义，进而让学生学会关爱生命、尊重生命，并且推己及人。

（二）江西蓝天学院在高校思想政治课中渗透生命教育

朱清华老师曾经有两年在高校思想政治课教学中不断地将生命教育渗透其中。首先，抓住新生入校的好时机，在第一次课中对学生进行生命教育，从调整自我、相信自我、挑战自我、超越自我四个层次分析大学生生命与生活，包括大学生需要面对的亲情、友情、爱情等多方面关系的处理，朱清华老师还以自身的经历为例证，课后布置“大学生生涯规划”作业。其次，在每周的思想政治课中，朱清华老师前十分钟安排的是前一周的热点新闻播放，其中以与大学生的学习、生活、就业等相关的事例为主，并由学生评论，老师总结。最后，在思政课的有些章节中，朱清华老师充分进行相关的生命教育，如讲到爱情、婚姻、家庭时，将“大学生的情爱与性爱”作为重点讨论的内容，通过学生先自由发言，表达他们的爱情观，老师再分析，让学生更加懂得如何理性地做到“相爱时紧握彼此的双手，分别时轻松放开彼此的双手”。学生听后似有一种享受到一场“及时雨”之感。①

第二节　青少年生命教育师资的培养

无论是生命教育独立课程的开展还是其他课程的渗透，都需要一支高素质的师资队伍作为保障。因此，高校要高度重视生命教育的师资队伍建设，注意培养生命教育课程的教师队伍和科研团队，以教促研、以研促教，打造具有本校特色的生命教育课程。

① 郑晓江．生命教育[M].北京：开明出版社，2012.

一、生命教育专业教师队伍的组建

生命教育内容体系庞大,涉及各个领域,这对生命教育教师队伍的建设提出了严峻的考验。生命教育学科的特殊性决定了生命教育专业教师队伍的组建应该充分考虑资源的优化配置与合理整合,实现效益最大化。

我们提倡从高校已有相关学科的专业教师中选调优秀教师组成一支综合实力强、专业素质高、教学水平优秀的生命教育教师队伍。比如,生存能力教育子课程则可以由高校辅导员、心理健康教育教师以及体育教师组成课程小组担任;生命意识教育子课程可由高校辅导员、生物教师、音乐美术教师等组合构成;生命伦理教育子课程主要由高校基础课教师以及哲学系教师担任;生命发展教育子课程由高校辅导员、就业指导中心资深教师一起负责。每个子课程都必须有课程负责人,负责召集本子课程的教师成员,讨论制定课程大纲,定期开展教学研讨会、集体备课、资源共享,实现课程目标。

当然,每个学校应该根据本校教师队伍的专业构成和素质水平进行合理的组建,结合本校实际情况制定具体的课程安排。在课程的具体实施过程中,也应该不断地发现问题、解决问题,总结经验教训,优化课程设置。

二、生命教育教师队伍的培训

生命教育教师队伍的组建以及结构的完善是一个长期的过程,不可能一蹴而就。但在生命教育专业教师队伍形成过程中,高校教师队伍生命教育理念的培育却不容松懈。我们强调生命教育理念在其他课程的渗透,这对所有教师提出了新的考验。

生命化的课程实践要求教师深刻理解生命教育本质,把握生命教育的教育原则,在课堂教学中运用生命教育教学方法,做到尊重生命的完整性、能动性、过程性以及差异性。因此,高校生命教育学科建设必须对教师队伍开展有针对性的培训，提高教师队伍的生命教育素养。例如：①定期开展生命教育理论学习，帮助教师认识生命教育内涵，了解生命教育意义，强化生命教育理念；②进行生命教育教学方法培训，开展公开示范课学习活动，举行说课比赛、教学技能大赛等竞赛活动；③开展学术交流活动，学习港澳台地区生命教育理论和实践经验，把握生命教育前沿动态；④搭建生命教育网络交流平台，共享教学资源，交流教学经验，更新教学动态。①

（一）生命教育教师培训课程的总体定位

1. 课程内涵

生命教育是小学、中学、大学教育阶段有目的、有计划、有组织进行的，旨在帮助受教育者认识与了解生命、珍爱与享受生命、提升与完善生命的系统教育活动。生命教育教师培训课程是着眼于培养教师实施生命教育的意识与素养、知识与技能、实践与方法维度，旨在促进教师自我生命的完善以及面向中小学生展开生命教育的综合能力与素养的提升。

2. 课程理念

（1）基于需求，关注教师自我生命意识以及实施生命教育的能力

生命教育师训课程的开发在回应相关政策要求的同时，强调对教师生命教育需求的关注。主要通过调查、访谈、观察等方法科学地呈现教师在实践生命教育课程过程中的问题与需求，基于教师的需求分析进行具体的、行动性的、问题导向的生命教育培训与指导，切实提升教师践行生命教育课程的能力与素养。

（2）研训结合，提升教师开发与实施生命教育校本课程的能力

生命教育各基地校本课程的开发过程也是教师参与生命教

① 周俊武．大学生生命教育科学化研究［M］．长沙：湖南师范大学出版社，2016.

育课程培训的过程。在这一过程中，相关教育专家、教研人员、中小学校长与教师共同参与，通过对各基地校本生命教育专题指导纲要的研制，也帮助中小学教师深化对生命教育丰富内涵的理解，提升中小学教师对生命教育校本课程的开发与实施能力。

（3）区域共享，实现生命教育师资培训课程资源的优化配置

合理整合区域内优秀课程资源及专家资源，在区域范围内建设一批优秀的、系统化的生命教育师训课程，建设区域资源共享平台，进一步优化师训课程结构，以使优秀的课程资源得以在区域内展示、共享，从而得到有效利用，在区域层面上实现经验与资源的增值再生。

3. 课程特征

（1）全人性

生命教育课程视人为整体的生命存在，关注人的自然生命、社会生命以及精神生命在知情意行上的统一。作为面向教师的生命教育课程同样具有全人性特征，即从完整人的意义上建立教师对自身生命与自然、生命与社会、生命与自我和谐关系的整体关照。

（2）整合性

生命存在及其活动的复杂性决定了生命教育课程内容上的综合性，也由此决定了生命教育师训课程在内容上的整合性。生命教育师训课程在内容设计上需要加强知识的整合性，完善课程内容，提升课程培训的成效。

（3）实践性

生命教育师训课程不仅指向中小学教师相关生命教育丰富的知识，更重要的是促进教师生命教育实践能力的提升。首先，生命教育师训课程强调教师践行正确生命观的能力，即对自身生命、与自然和社会关系的相关议题的判断与决策、探究与行动等的提升；其次，生命教育师训强调教师对中小学生命教育课程的践行能力以及生命教育校本课程开发能力的提升，运用正确的方

式、基于合理的内容规范地启发并引导学生直面生命的挑战，不断获得生命成长，发挥生命潜能，实现自我超越。

（二）生命教育教师培训课程的实施

生命教育师资培训课程的实施要坚持全员培训与分层指导相结合，坚持集中培训与分散培训相结合，坚持讲授与实践体验相结合，不断促进教师培训学与教方式的改善。

1.从点到面的“金字塔式”培训策略

课程的实施以从点到面、从试点校到全区推广的“金字塔式培训为策略，以从对课程培训者培训到对区域骨干教师的种子培训再到面向全区的全员培训的形式层层递进、逐步推广。以区域《学生生涯发展师训课程》的开发与实施为例，区域以基地校为主要研究团队，包括主持校交通大学附属中学，试点校控江中学、少云中学、思源中学、新大桥中学、育鹰学校、打虎山路第一小学、控江二村小学和昆明学校（小学部）。

第一阶段，培训用书开发。师训课程的建设基于生命教育学生课程开发，项目启动之际，组建联合基地的核心组成员，制定课程建设方案，聘请专家顾问，在不断地研讨、经验梳理过程中，逐步形成教师生涯培训课程提纲，并在此基础上形成教师培训课程用书。

第二阶段，种子教师培训＋网络共享课程开发。遴选种子教师进行培训，在培训过程中与专家进行深度研磨，逐步梳理形成网络课程方案，并逐步完善课程内容。

第三阶段，全员培训。课程通过评审被认定为区域共享课程，通过区域教师培训平台对全区教师开放，逐步实现全员培训和区域推广，参与课程开发的种子教师成为培训师参与到区域培训，下一步，这门课程将申报市级共享课程，完成区域到市级的推广任务。

2. 理论研修与实践体验相结合

生命教育师训课程不仅关注教师在生命教育学科素养方面的提升,更注重发挥生命教育的实践性特征。在教师进行生命教育理论研修的同时,通过课例研究、案例研讨等形式与生命教育的实践体验相结合。在理论学习与实践探索的过程中,唤醒教师自身对生命的热爱、尊重、理解,发展教师面向学生开展生命教育的能力与素养。如在实施融合类课程的开发和培训过程中,通过调研发现,生命教育与许多课程都有着必然的联系。如小学的自然课、体育与健身课,初中的科学课、生命科学课,以及高中的生命科学课等,在这些课程中都蕴含着生命教育的主旨和内容,那么如何有效地开展生命教育?我们通过主题教研活动,以开课、说课以及深入研讨的方式,逐步梳理出不同学科的生命教育主题,并在此基础上引导教师在教学设计中融入生命教育点,以理论研修与实践体验相结合的方式,让更多的一线教师有目的、有计划地在基础性学科的教学中融入生命教育。

3. 三类教师课程培训相结合

根据生命教育课程体系内容,通过通识类课程、学科类课程以及专题课程开展教师培训,将专题类课程中相关内容作为通识类培训,将有关生命教育的通识培训与学科培训相融合,从而促进教师自身生命素养及学科渗透生命教育的意识与能力的全面提升。这三类看似是各自独立课程内容,但实则相互关联、相互融合。以情绪智力培训课程为例,其中关于第一板块的公共模块主要包含情绪的一般知识与心理学理论、情绪智力的理论以及教师情绪自我管理三个部分内容,这些内容的开发需要依靠高校的资源,这一板块的内容无疑也适合通识类课程的培训,而在学科培训中,相关知识也完全可以迁移到基础性学科和探究性学科中有效促进课堂的氛围,提升课堂效能,过程中形成的课例也能成为深入剖析的研究案例,更好地引导教师开展教育教学活动。生命教育是一项系统工程,不能仅仅依靠一类课程、一个环节,必须坚持全科育人、全程育人、全员育人。教师作为这项工程的参与者、实施者和推广者，需要在知识与技能、实践与方法等维度全面开展研修，区域生命教育教师培训课程将继续在稳步推进中不断修正与完善。

第三节　青少年生命教育环境的构建

一、学校生命教育文化环境的构建

校园文化是学校的灵魂，也是学校隐性课程的重要来源，它的核心和本质是超越功利的，出发点是人的发展。它是以文化为载体，着眼于精神层面的建设，直接服务于人的全面发展。校园文化建设包括校园物质文化建设、精神文化建设和校园制度建设等方面。校园文化建设既是对一所学校的传统的重新发现、认定和弘扬，又是因时代需要以陶冶人、润泽人、培养人为核心点而开发和建设的过程。校园文化建设需经过学校各方面长期的努力和积累，于潜移默化中带给学生善与美的教育资源。因此，校园文化建设是学校教育的重要组成部分，良好的校园文化是学校教育持续健康发展的保障。

生命教育在学校教育中的实践也必须高度重视校园文化建设。我们主要从以下方面着手。

（一）营造生命化校园文化

校园文化是学校隐性课程的重要来源，对学生的世界观、人生观、价值观产生着潜移默化的深远影响，与学校教育的显性课程形成优势互补的作用。健康、向上、丰富的校园文化对学生的品性形成具有渗透性、持久性和选择性等特点，对于提高学生的人文道德素养、拓宽同学们的视野具有深远意义。

营造生命化校园文化应做到如下几点。

第一，丰富校园文化活动，定期开展与生命教育主题相关的校园活动。例如，开展纪念“5·12”汶川地震专题活动、举办校园安全知识专题讲座、开展生命教育活动与“心理健康教育”相结合的心理专题讲座、开展“热爱生命，体验生命”的体验教育活动等。

第二，借助校园多元宣传渠道，宣传渗透生命教育理念。例如，学校的校园网络媒体平台可以开辟生命教育专题栏目，刊发生命励志的故事，介绍经典的生命教育书籍，分享与生命相关的名言警句等。

（二）构筑校园安全防线

安全舒心的校园环境才能确保广大师生人身和财产安全，使得他们可以安心、放心地在学校学习和生活。构筑稳固的校园安全防线，加强校园安全建设是十分重要和紧迫的一项工作。

构筑校园安全防线应做到如下几点。

第一，加强学生公寓管理，营造安全良好的居住环境。首先，要为学生公寓配备必要的安全设施，定期进行安全监察和维修；其次，加强学生公寓防火、防盗、防流行性疾病为主的“三防”检查工作，联合消防等部门定期开展火灾逃生演习、自救，消防器材使用讲座等有意义的活动，教育学生遇到危险不要惊慌，要沉着冷静处理。

第二，学校应积极主动地与公安、消防、卫生、街道、城建等有关部门联系，及时交流学校及周边安全稳定方面的信息，有效地解决学校完全稳定方面的问题和困难，为学校创造一个良好的外部环境。

第三，加强学校保卫工作的科学化、效能化管理。近年来，少数高校发生了保安人员监守自盗甚至伤害学生的事件，引起了我们对学校保安部门管理工作的重视，必须着重提高安保人员的专业技能和人文素养，建立完善的安全防范机制。

第四，推进校园安全立法，校园安全应依法整治。结合当前校园安全的严峻形势，以及构建生命化安全校园的主题，推动《校园安全法》立法，形成科学、有序、规范的校园安全法制环境是一项治本的长效对策。

总的来讲，校园安全防线的构筑是以人为本教育理念的体现，也是生命化校园建设的应有之义，应该给予充分的重视，加大力度切实实施。[①]

二、家庭重视生命教育环境的构建

学校常规教育工作是生命教育实践的主阵地，理应发挥主导作用，但是家庭教育在学校生命教育工作中的作用也是不容忽视的。因为学校教育开展得再好，如果没有家庭教育的共同努力和相互配合，教育效果也无法得到维持和巩固。

（一）利用家庭教育进行青少年生命教育

既然家庭教育有着其他教育类型不可取代的优势，而且每个人接受的教育都与家庭息息相关。因此，生命教育本土化的过程中，家庭教育必然是一个重要的环节，要更新家长的教育观念，尤其是生命教育理念，注重良好家庭氛围的营造，长辈言传身教，孩子在潜移默化中接受教育，使家庭教育成为其他类型教育的有益补充。

1. 对不同环境类型的家庭进行适时的引导

尽管当代青少年的家庭结构相对比较单一，但是由于受到各种因素的影响，家庭生命教育环境依然表现出多元化的特点。划分家庭教育环境的标准很多，家庭的经济状况、家庭环境的和谐程度、家庭成员的特点以及与外部的关系等，都可以成为当代青少年不同家庭类型的划分标准。而在这其中，对家庭生命教育环境影响最大的因素应该是家庭的经济状况和家庭的和谐因素。

① 周俊武．大学生生命教育科学化研究[M].长沙：湖南师范大学出版社，2016.

例如,以家庭经济状况为标准,又可以分为贫寒和富裕家庭的生命教育环境;以和谐为标准,我们将青少年的家庭生命教育环境划分为和谐的家庭生命教育环境、偏激或情绪化的家庭生命教育环境。

针对不同类型的家庭生命教育环境,应该采用不同的教育方式。在民主型的家庭中,主要是塑造良好的家庭氛围;而对贫寒家庭中成长起来的青少年应该将其身上的优良品质加以发扬,针对该群体中青少年可能出现的自卑心理,要及时进行干预和指导;针对经济条件较好家庭中成长的青少年,家长更应该从小树立孩子正确的人生观与消费观。

家庭生命教育环境的作用和影响,不仅仅体现在心理、经济条件等方面,家庭中父母言行影响、邻居交流影响、家庭生活观念影响等,都会对家庭生命教育环境形成影响合力,应积极引导家庭教育环境向着积极和谐的方向发展,为未来青少年、社会精英树立良好的初期生命教育环境。

2. 构建和谐家庭环境,树立良好的家长形象

和谐的家庭环境是良好教育的基础。和谐的环境有利于家庭成员之间进行民主化的沟通,据相关调查显示,在和谐家庭环境中成长起来的青少年,在进入校园后能够更快地融入青少年生活环境。家庭生活已经潜移默化地影响了青少年对生命教育的理解水平和层次。此外,健康、积极向上的家长形象也是塑造良好家庭教育环境的重要因素。

当代青少年家长文化素质相对较高,较少具有传统大家长的专制作风,较易建立和谐民主的家庭关系,同时塑造健康、积极向上的家长形象。一旦良好的家长形象与和谐的家庭环境得以建立,良好的家庭生命教育环境随之得以初步构建。家庭生命教育环境的预期目标是确立准青少年珍视自我与他人生命的感性认知,使之在面对困境时可以拥有较佳的生存韧性,不致脆弱到不堪一击。生存韧性是形成青少年生命韧性的必要前提,拥有韧性

意识的生命观才是最坚强的生命价值观。

家长应该用其健康的形象与人格魅力,对正在成长中的子女予以正面引导。在教育中,子女一旦认同教育者后,往往会与教育者表现出趋同性。积极健康的家长形象拥有多种个性层面的展现方式,可以让青少年在将来融入青少年生命教育环境时,拥有多元表达途径。民主平等的家长形象易引导青少年形成自然的关爱生命意识,为青少年生命教育环境在校园条件下的构建打下良好基础。

3. 以家庭宽容与理解促成积极的生命价值观

青少年积极的生命价值观的形成,需要得到包括家庭、校园、社会等在内的多方面宽容与理解。当前社会中的唯经济论家庭教育价值观存在诸多弊端,易导致由于家庭经济条件较差形成的自卑心理和家庭经济条件较好形成的自负心理,这两种消极情绪的产生根源皆是当前唯经济论的社会价值评价基础。不同家庭经济条件形成的原因众多,贫寒与富裕多由不同地域、不同产业布局等多种客观条件形成,某些唯经济论"英雄"的观点具有价值评判极端化倾向。这种评判基础所形成的家庭价值教育环境,将会培养出狭隘的拜金主义者,容易出现社会群体性的生命价值冷漠态势,需要得到特别纠正。①

(二)搭建家校合作平台,带动家庭教育

学校教育应该建构新型便捷的家校合作方式,带动家庭教育对生命教育的关注和重视,巩固生命教育效果。

现代信息技术的迅猛发展和广泛应用给人们的工作方式、学习方式和生活方式带来了前所未有的冲击。随着现代信息技术的跨越发展,特别是在云计算、物联网及大数据等应用的带动下,网络平台呈现出海量级的数据、表现形式多样化、高度共享性和扩展性等独特的优势,互联网在教育领域中发挥的效用更加不可

① 龙海霞.大学生生命教育研究[M].成都:四川大学出版社,2017.

估量。更重要的是，当今网络技术深入青少年的日常生活，与青少年的日常学习生活已经密不可分。

因此，生命教育在学校教育中的建设也必须与时俱进，网络技术为我们搭建家校合作平台开辟了新的途径。生命教育的网络学习平台的搭建包括以下几个模块：电子课程系列、扩展性学习资源、网上论坛、园地建设、生命教育评价系统等。通过网络平台的方式实现家长与教师的双向互动沟通，更好地带动家庭教育。①

三、良好社会生命教育环境的构建

社会是共同生活的人通过各种社会关系联合起来的集合，它是一个有系统、有文化的组织，生产活动是其基础，并且有一套自我调节的机制。而社会教育的内涵有以下几点：其一，“社会教育是以公共生活为基础的教育活动形式”；其二，“社会教育是以社会作为教育主体实施的教育”；其三，“社会教育是一种有目的、有计划、有组织的教育实践”；其四，“社会教育是一种注重教育潜移默化功效的教育活动”。

大学作为社会化进程中的一个渐趋成熟的环节，除了受到来自学校、家庭生命环境的影响，同时也受到了社会环境和社会教育的影响。国际形势的复杂多变以及国内经济社会转型时期面临的众多社会问题——生活方式多样化，就业形势日益严峻等——使得青少年在就业环境中面临着巨大的压力。良好的社会教育有利于学生缓解压力、陶冶情操、满足需求，促进青少年的全面发展。

从广义的角度来说，家庭和学校作为社会的一个组成部分，是社会环境的特定阶段，家庭生命教育环境和学校教育环境不可能完全摆脱社会环境而独立存在。社会是一个大系统，是多种因

① 周俊武．大学生生命教育科学化研究[M]．长沙：湖南师范大学出版社，2016.

素相互作用的一个有机整体,社会环境必然会以显性或隐性的方式和渠道影响着青少年。因此,发挥社会教育功能的积极作用,合理地利用社会政治、文化、经济环境中的积极因素,增强民族凝聚力和集体主义意识,坚持正确的舆论导向,创造良好的社会氛围,传递社会正能量,建立多层次的和谐社会体系,为青少年的成长提供良好的社会环境,这些都有利于青少年的生命教育。①

（一）促进政府立法,给予政策支持和财政资助

学校生命教育的顺利开展需要政府的政策支持和财政资助,因此,促进政府立法,规范生命教育的建设势在必行。其实,目前我国已有一些地方政府在推行生命教育、制定生命教育政策和纲要等方面采取了重要举措。

鉴于当前我国各地政府对高校生命教育的政策指导和立法保障问题关注不足的情况,高校应该积极发展本校生命教育,力求取得一定成果,在此基础上,推动政府立法,为高校生命教育的发展提供政策保障和财政支持。中央以及各级地方政府也应该成为高校生命教育发展的重要推手和强大后盾。

中央及各级地方政府可以通过立法、制定纲要或出台政策条例等形式,对高校生命教育的目的、任务、内容、经费等问题做出明确而合理的规定,提供必要的支持和保障,使高校生命教育的开展有法可依、有章可循,推进其规范化和科学化的发展。②

（二）多种社会媒体协助实现生命教育理念宣传

媒体宣传是构建高校生命教育环境的一条重要途径,社会媒体是生命教育理念传播的最佳载体。这里的媒体包括报纸、期刊等传统的媒体形式,也包括微信、微博、播客等新媒体类型。校园中的一些极端自杀和杀人事件发生后,整个社会对生命教育问题

① 龙海霞.大学生生命教育研究[M].成都：四川大学出版社，2017.
② 周俊武.大学生生命教育科学化研究[M].长沙：湖南师范大学出版社，2016.

的关注度越来越高。传统媒体如人民日报就曾聚焦生命教育，力图唤起人们对生命的敬畏，其中就谈到"教育的目的应该是向人类传递生命的气息"。

除了传统媒体，也可以充分发挥新媒体的作用，利用各种新媒体制作音像制品或电子宣传片。还可以以新媒体为手段，在各种节日融入生命教育活动内容，让生命教育、人性教育深入人心。

应该说，多种媒体类型可以协助青少年生命教育环境建构过程的宣传，此外，媒体的介入也更容易引起整个社会对青少年这一独特群体的生命问题的关注，使得更多优秀的生命教育价值观念更为迅速地传递到社会环境中。另外，青少年生命教育理念的形成和实现是一个漫长的过程，并不孤立存在。当前高校面临十分严峻的生命教育挑战，需要各种类型媒体进行正确理念的宣传和引导，让全社会关注高校，关注青少年群体的生命教育活动。由此所形成的全社会正确的生命价值观，从小处来说，会使青少年受益匪浅，从更大范围来看，受益对象将是整个社会群体。①

① 龙海霞．大学生生命教育研究[M].成都：四川大学出版社，2017.

第八章　青少年生命教育的实践操作探究

青少年生命教育理论思路的厘清为高校开展生命教育指明了方向，但要真正把青少年生命教育落到实处，还需要在实践中探究青少年生命教育路径，解决青少年生命教育从缺失走向行动的问题。

第一节　青少年生命教育的实践资源

青少年生命教育需要哲学理论基础的逻辑建构，同时也需要实践资源的支撑。如前所述，青少年生命教育的过程本身就是一个对理论和实践资源进行梳理、甄别以进行选择性开发与利用的过程。在这个过程中，除了依托西方生命教育理论、中国传统哲学以及马克思主义哲学中的生命观等理论资源，具有国别性和地域性的丰富多样的实践资源也同样能为当代青少年生命教育提供重要的实践支撑。然而，存在于广泛社会文化中的实践资源在尚未进入教育领域之前，只是民族文化或地方符号的代表，高校生命教育本土化对实践资源的梳理、开发和利用，应为青少年生命教育的重要环节。

一、实践资源的概念及划分

实践资源是指广泛存在于社会生活实践中，以潜移默化的方式对人的观念的形成、行为方式的选择等产生“润物细无声”影响的一种资源类型。实践资源的内涵非常广泛,应该是除主观之外所有客观活动的总和。

从实践资源的空间分布来看,既包括以大学校园文化活动为主的社会实践资源,也包括隐藏于各民族传统文化及地方文化中的实践资源。

从资源的载体来划分,既包括借助多媒体技术和网络技术搭建的虚拟实践资源,也包括以校内外多种实践活动为平台的实体性实践资源。

在此我们所说的实践资源主要指存在于中国传统文化中的各类型资源以及由域外引进的资源,其中突出表现为西方体育娱乐休闲活动,中华传统武术、气功,中国传统节日、民俗以及其他健身手段。相较于理论资源,生命教育实践资源有其自身的特色。

二、实践资源的特点

(一)社会实践性

社会实践资源是在人类长期的生存、劳动和发展中形成的,而人类本身的生存、劳动和发展都是在一定的社会形态、社会交往、社会活动中实现的。社会实践性是社会实践资源最突出的特点,按照马克思的看法,"人的本质不是单个人所固有的抽象物,在其现实性上,它是一切社会关系的总和"。与理论资源一样,社会实践资源也是人创造的一种资源,这个资源是在社会创造中完成的,是整个社会成员在漫长的人类实践中逐渐形成的,是一个社会集体共同创造的成果,因此它必然被打上社会性的烙印。实践资源的社会实践性主要表现在以下两方面。

1. 不同的社会生产方式、文化方式产生不同种类,不同数量、不同质量的社会实践资源

人类是由不同的文化传统构成的共同集体,文化传统又构成了不同的文化体系和社会结构。即便是在同一文化体系和结构

中，文化也存在着共性，表现为人们有同样的文化传统、生活方式、生产方式、思想意识以及宗教精神信仰，这个看不见却又必然存在的集体意识，就像是瑞士心理学家荣格所说的集体无意识。这种集体无意识，简单来说，就是一种代代相传的无数同类经验在某一种族全体成员心理上的沉淀物，而之所以能代代相传，正因为有着相应的社会结构作为这种集体无意识的支柱。

2. 社会实践资源是可超越国界、超越种族关系的，谁都可以掌握和利用它创造社会财富

社会实践资源虽然是一定区域的人创造的一种资源类型，但是因为它是整个人类社会在生产实践中产生的资源类型，因此它可以为世界各国人民所利用。人们可对它进行本土化的改造，使之成为既具有人类共性同时又体现出国别性和民族差异性的资源类型。比如在社会文化资源中的原始壁画，尽管西班牙的阿尔塔米拉的洞穴壁画、法国的拉斯科洞穴壁画的表现内容和形式与中国的敦煌壁画、贺兰山壁画、宗人壁画等大不相同，但是，壁画中对能满足生存需求的动物形象的着力刻画，并以极大的夸张手法突出女性特征，实际上都体现出对生命的延续和对生命的崇敬。

（二）继承发展性

社会实践资源是在漫长的人类生活中形成和发展起来的，继承性特点使得社会资源不断积累、扩充与发展。实践资源经历了筛选、继承、发展以及被强化的过程，社会实践资源的继承性主要通过以下途径实现。

（1）人的因素。民族实践资源通过人类的遗传密码而继承、延续与发展。历史记载着民族的遗传密码，是民族国家形成、发展及其盛衰兴亡的真实记录。如各少数民族的节日和民俗中对生命敬畏的思想，就深深地烙印在本民族人的心中。

（2）通过载体长期保存、继承下来。人类社会通过书籍、音像、

磁带和视频等，传承人类的文化和社会资源。社会实践资源的继承性，使人类社会的每一代人在开始社会生活的时候都不是从零开始，而是从前人创造的基础上迈步。

正因为如此，在对待社会资源上，我们以物质或非物质的方式继承，并根据不同时代人的观念与社会的需求进行适时的加工改造，使之在继承核心内容的同时，在形式上体现出时代性、民族性和个体性。

（三）流动开放性

社会实践资源的创造主体是人，全球化背景下，经济的飞速发展带动了人口的流动。就中国而言，改革开放以后，随着城镇化、工业化的快速发展，大量的人口从贫穷的中西部向东南沿海发达地区流动。

2016 年 3 月 1 日凌晨，新华社发布《中华人民共和国 2015 年国民经济和社会发展统计公报》。公报显示，全国人户分离的人口达 2.94 亿，其中流动人口达 2.47 亿。人口的流动是调节劳动力和生产资料在生产各部门分配的一种手段，但是这种大规模的劳动力的迁移也必然会带来社会各类文化资源的迁移与融合。

社会文化资源流动性的主要表现是：由于劳动力从流出地向流入地进行劳动力输出，特别是随着团体式输出模式的出现，人们更有利于将本地域传统文化流出，尽管在文化输出的过程中会遇到阻力，呈现力量减弱的态势。双向的文化交流一方面使得民俗得以随着人口流动而保持；另一方面，面对外界文化的介入，传统民俗也以开放的姿态接纳，实现了民俗的现代化转型。

如湘西苗族的鼓舞就是一个十分典型的例子。湘西苗族鼓舞是苗族的湘西支系在农耕文明基础上创造的一种极具健身价值的古代舞蹈遗存，因以“击鼓而舞或击鼓伴舞”为其特点，故得此名。历史上的湘西苗族鼓舞曾被当地苗族用于祈年、祭祖、驱灾、疗疾和娱乐等活动。在湘西苗族人民看来，苗鼓不仅是打击乐器、大家崇拜的圣物，也是驱邪逐鬼不可缺少的工具，更是一个文化象征符号，承载着湘西苗族的集体历史记忆，凝聚着几千年来苗族人共同的起源、迁徙与磨难，凝聚着苗族人民的历史发展轨迹、血脉和情感。鼓舞突出的地域性、民族性特征，湘西苗族的集体意识和集体无意识深处，积淀了一种文化遗传基因。近几十年来，随着社会的转型，湘西苗族鼓舞出现了主流化、商业化、城镇化的走势，其实践形式也进行了大范围重构。

在城镇化、商业化不可逆转的趋势下，应该说人口的流动对社会实践资源的影响是巨大而又深刻的，社会实践资源或向他乡流动，或进行内部的调整与适应，以满足整个社会群体的需求。

三、实践资源的作用

实践资源以其丰富性和开放性为青少年生命教育提供了重要而有效的实施平台，以此充分彰显生命的内涵和价值，进而让青少年体验生命教育在现实中的境遇与终极追求。应该说，社会实践资源以其独特的优势为高校生命教育提供了强而有力的支撑。因此，作为高校生命教育工作者，应充分认识到社会实践资源的价值，对其所包含的生命教育的价值与意义进行深度挖掘和转化，利用环绕在青少年周围的社会资源对其进行教育，为高校生命教育工作提供新的契机和途径。

（一）为生命教育提供体验生命整体性的平台

实践资源不仅涉及与学生教育生活息息相关的校内实践资源，同时也包含了围绕在日常生活中的社会资源，如传统节日、民风民俗等。这些实践资源不仅涉及生命教育的实践操作层面包括具体的礼仪、制度和行为方式等，从某种意义来说，传统节日、民俗等也涉及了精神层面。我们要身心虔诚地投入一系列的仪式活动，以真诚的态度面对其中所涉及的生命要素，真切体会到传统节日中所蕴含的生命真谛，发现自身生命的终极价值和意义。

此外，相较于纯粹理论的生命教育，来自社会的实践资源使青少年对生命的认知与生命教育实践得以有机结合，在这些资源的利用过程中，人的知、情、意、行等心理要素得到了全方位的调动和运用，从而达到了感受生命整体性的高峰体验，身处于其中的个体生命必然也会因此而得到高度升华。这种统一为青少年全方位地体验生命教育搭建了有效平台，其中来自个体的切身体验加深了学生的情感认识。

比如说，中国传统节日或民俗中蕴含的生命教育意义恰好能给学生提供这种体验。因为身处中国文化传统之中的青少年从小耳濡目染，内心自然而然会产生对本土文化的亲近感，对与之联系紧密的人文追求。历史典故、礼仪制度等文化内容产生认同，进而达到主客体身心的统一，并能从这些传统资源中洞察中国传统文化中的生命智慧。这种从小就接受的体验和熏陶，是任何其他暂时性的人为活动所难以企及的。因此，社会实践资源与理论资源一同为青少年体验生命教育整体性提供了有效的、具有国别性和民族性的平台。

（二）为生命教育提供感受生命多元性的可能性

在青少年生命教育中，大量的社会实践资源实际上都是世界各国多民族文化的鲜明体现。灿烂的中华文化在悠久的发展历程中，在多民族文化的交流和融合中，逐渐形成了海纳百川、包容万象的异质文化复合体。

这些实践资源的特色主要体现在两个方面：

一方面，同一节日在不同地域或民族间具有多元性，人们根据自身生命体验赋予了节日独有的寓意和形式。比如火把节是彝族、白族、纳西族、基诺族、拉祜族等民族的古老而重要的传统节日，有着深厚的民俗文化内涵，蜚声海内外，被称为“东方的狂欢节”。庆祝火把节最大的群体就是彝族，他们比较集中地生活在云南楚雄和西昌凉山彝族自治州。两地彝族火把节既具有祭奠火神的共同主题，表达了彝族人民对火神的赞颂，对光明、吉祥和幸福生活的向往，又因所处的地域不同，有着各自不同的内涵和表现形式。云南的彝族在每年农历的六月二十四或者二十五，以松木为燎，高丈余，入夜，各村寨火把竞相争燃，火把散布于乡间田野；而凉山州的火把节则更加隆重，这里的人们将火把节看作彝族的新年。

另一方面，辽阔的中华大地上不同地域或民族具有自己独有的节日习俗，并赋予了其独特的生命寓意。汉族的春节强调生命的更新，清明突出生命的传承，端午强调对生命的保健。傣族的泼水节是人们辞旧迎新的节日，在三天的节日中，人们堆沙浴佛、祈求丰收。将水撒进对方的脖子，祝福对方驱病除魔，来年身体健康。

在这些传统节日和民俗中，学生可以体验不同的节日，实际上也是个体体验生命多元性的过程。同时需要注意的是，这种多元并非是混乱无序的多元，其内部存在一条横贯古今的线索，即体现了对生命的敬畏、尊重和人文关怀，对生命之善的追求和生命的勃勃生机。因此，以实践资源为依托的生命教育，必然会使受教育者充分感受到生命的多元性，从而达到尊重多元生命存在的目的。

（三）为有效梳理中西方生命冲突提供契机

生命教育发端于西方，生命教育理论资源大都是在西方社会文化背景和语境中形成和发展起来的。尤其到了当代，随着世界文化的融合和渗透，形成于农耕渔猎社会、具有强烈乡土气息的中国传统实践资源，越来越多地受到了西方文化的挑战，呈现出弱化甚至逐渐消失的态势。

一方面，中国的传统民俗和节日越来越不受当代年轻人的重视。2013 年 11 月 24 日，由韩国申报的江陵端午祭被联合国教科文组织正式确定为“人类口头和非物质遗产代表作”。对此，国人大多表达了不满。但是，韩国之所以申请成功，凭借的就是其对传统民俗和节日的保护与重视，仅就这点来看，还是值得引起国人注意的。

另一方面，传统的民俗和节日越来越多地受到了国外文化习俗的冲击。同样是情人节，中国传统的“七夕”情人节基本上让位给了西方的情人节，立秋、冬至等节日也基本上成为一种摆设。而源于西方基督教的万圣节和圣诞节却风靡全国。应该说建立在传统农耕社会基础上的传统民俗，随着社会历史的变迁以及人们生产生活方式的改变面临着巨大的挑战。

传统社会的实践资源在当代的境遇，为我们思考生命教育本土化以及如何直面文化的冲突提供了良好的契机。这使得我们对生命教育本土化问题的思考可以跳出纯粹教育学意义上的追问，而走上对社会文化、政治等方面的探究。①

第二节　利用民间民俗资源开展生命教育

利用民间民俗资源开展生命教育的实例屡见不鲜。比如有些高校在“国际禁毒日”配合社会教育所做的“珍爱生命、远离毒品”的宣誓或电子签名主题活动；在传统中国节日“七夕”，发起“追寻爱情，缔造完满人生”的电子签名活动；利用“父亲节”“母亲节”“重阳节”等各种传统节日，以电子贺卡、邮件等形式介绍节日背后的生命意蕴，传递亲情、友情和爱情，加强对青少年的感恩意识教育。应该说，新媒体以其个性化突出、受众选择性较多、表现形式灵活多样，交流的世界性、观赏的互动性、信息发布及时等特点，逐渐成为青年一代尤其是青少年获取信息的首要途径。

在不同民族的历史中，文化、艺术、宗教等活动也以不同的形式表达着各自的生命内涵，展现出不同发展阶段的生命价值以及对生命的反思。文学、艺术、宗教等活动为我们打开了古往今来人类的生命世界和精神世界的大门，并构成了生命教育研究的活水源头和坚实基础。

① 龙海霞．大学生生命教育研究[M]．成都：四川大学出版社，2017.

在中国传统民俗中，一个人从出生到离世，会经历繁复的习俗。仅就出生一项就有“三朝”仪式（诞生后的第三天），赠送红皮鸡蛋、草药洗婴、颂咒驱灾，继而又有满月、百日、周岁剃发、认别、命名、抓周等。一些礼俗逐渐消失，但成年礼、婚礼、葬礼却因是人生中划时代的礼仪依然受到重视。只是随着社会发展，观念变更，旧俗中的封建迷信成分逐渐减少，而庆贺、祝福等得以保持并得到进一步发展。在这些活动中，成年人言传身教，少年耳濡目染，与生命关联的知识代代相传。

云南少数民族拉祜族有给刚出生婴儿进行冷水沐浴的习俗，因为在长期与自然的斗争中，他们坚信，只有身强力壮的婴儿才能存活下去，这一自然淘汰过程会促进人种的优化，增强种群繁衍的能力。拉祜族没有明确的养生概念，但是在生活实践中形成了独具特色的一饭一汤菜的饮食习惯。除此之外，他们还喜欢饮用烤茶，也叫雷响茶，将干茶叶放在瓦罐中烤焦黄，然后用滚水冲泡，这样的茶不仅味香，还有醒目提神的功效。拉祜族这些自然、生态的饮食习惯，有利于身体健康。南美拉祜族寨中有产妇生孩子，全寨老少都会去帮忙，有经验的妇女进去帮助分娩，其他人则在门外一起给产妇喊号子助威；寨里有人去世，全寨人都会参与。通过见证生死过程，人们明白生死乃是自然现象。拉祜族的民俗文化对生命教育有着重要的启示。

中国古代生命观同西方生命理念存在地域的差异，更有内在民族精神的巨大不同。中国古代传统生命理念是当今中国生命教育理论的根基，它决定着当代生命理论与实践的基本面貌，决定着生命理论与实践形态的建构。挖掘传统文化中的生命智慧，是生命教育在中国语境中的必然选择，并为中国生命教育的研究增添了厚度。①

下面以维吾尔族民间娱乐活动为例，说明民间娱乐活动对青少年的生命教育价值。

① 龙海霞．大学生生命教育研究[M]．成都：四川大学出版社，2017.

1. 为青少年进行生命教育提供系统的生命价值主题

维吾尔族民间娱乐活动种类繁多、娱乐方式多样、游戏规则多元，不同的娱乐活动蕴含的生命内涵不同。娱乐活动作为一个载体，在发挥娱乐作用的同时，对维吾尔族青少年提供系统的生命价值主题，每一项维吾尔族民间娱乐活动都与生命价值相联系，并非单纯地以娱乐为主题。在维吾尔族民间娱乐活动中所展现的生命价值意义正是我们所要挖掘并与生命教育相结合的部分，如展示才艺与表现自我的麦西来甫、挑战自然与超越自我的达瓦孜，崇尚力量与提倡竞争的叼羊赛马、尊重友谊与讲究诚信的托包克、重视团结与配合协作的沙哈尔迪等民间娱乐活动，给维吾尔族青少年进行生命教育提供了系统的生命价值主题，这些不同的民间娱乐活动所包含的生命意义共同构建起维吾尔族青少年的生命思想体系，在娱乐活动中强化了维吾尔族青少年对生命的认知。

2. 为青少年进行生命教育提供感受生命多元性与整体性的平台

维吾尔族民间娱乐活动的多样性为维吾尔族的生活提供了丰富多彩的娱乐形式，而不同的娱乐方式中也包含了生命的多元性。如喀尔勒克游戏通过第一场雪后送雪笺组织聚会的形式让大家感受自然的力量，同时通过这样的娱乐感受自然时节的变化，感恩自然的馈赠，这是人与自然生命和谐统一的表现。又如通过春秋季节的游艺会感受自然风景的变化，春天果园芬芳怡人，是新的开始，在花朵中感受自然的力量。秋天果园中硕果累累，是一种收获，在果实中感恩自然的回馈。在果园中的游艺会不仅仅是一种聚会，更是通过聚会促使大家珍惜生命、珍惜劳动成果。在新春之时祈祷收获，在丰收之时感恩自然，这是对自然生命的尊重。大家在自然生命的繁衍中感受生命的伟大，从中得到经验与体会，从而提升了精神生命的境界。在集体娱乐中加强了彼此的关系，增强了互助合作，促进参与者对社会生命的尊重。

维吾尔族民间娱乐活动形式种类多样,可以通过不同方式让维吾尔族青少年了解多元生命,认识人与自然和谐相处。娱乐活动多样化从不同角度使维吾尔族青少年更加认识生命、尊重生命、热爱生命。维吾尔族民间娱乐活动为我们的青少年提供了感受生命的多元性和整体性的平台。

3. 为青少年进行生命教育提供现实表现和思想基础

维吾尔族人世居环境条件恶劣,沙漠面积广大,气候干燥少雨,夏季炎热,冬季寒冷,人们的生活经受着自然条件的挑战。但是不论生活多么艰苦,在庆祝丰收、欢度佳节、祝贺新禧、休息闲暇之时,维吾尔族人民总是通过各种民间娱乐活动创造出欢乐的氛围,这是对生命的礼赞,对生生不息自然生命的称颂。麦西来甫这一维吾尔族民间娱乐活动正是通过歌舞娱乐的形式来抒发对生命的热爱,麦西来甫作为新疆维吾尔族民间娱乐活动的代表,其娱乐活动范围广、影响大。其对活动地点、场合没有要求,在田间、家中、村头、巷尾等地都可以载歌载舞。人员数量没有限制,三五个人、一家人、几十人都可以进行。参与者的身份没有区分,农民、工人、教师、手工业者、商人、老人、孩子等都能参与其中,这是对维吾尔族青少年进行生命教育的最佳方式。在现代生活中,麦西来甫这一民间娱乐形式被很好地保留下来,是维吾尔族人尊重生命、关爱生命和珍惜生命的表现,麦西来甫中所包含的生命教育内容也是对青少年进行生命教育的现实表现。维吾尔族著名社会科学家阿不都秀库尔·吐尔地说:"麦西来甫是人们特别是青年进行道德、民族风习和民族传统教育的学校。通过麦西来甫,青年一代学习道德规范,深刻理解民族风习和传统。麦西来甫还被视为增强社会联系、倾注集体主义精神和发展友谊的手段。"这段话与生命教育的内容异曲同工。

4. 为青少年直面生命的冲突创造正向的能量场

维吾尔族民间娱乐活动能够促进学生正向能量场的形成。在娱乐活动中,青少年在参与过程中不断挑战自我,促进自我能力提升。维吾尔族民间娱乐活动中的规则性和竞争性使参与者既能在遵守规则的前提下通过努力提高自身参与能力，又能在自身能力提高中获得成就感和胜利感。青少年在这一过程中能够克服自身缺点，锻炼自身意志，提升承受挫折与失败打击的精神力量，对其形成良好的意志和品质创造了正面的能量场。在帕卜孜这样的集体类娱乐活动中，参与者之间相互配合、相互合作，学会相互之间和睦相处，提高其合作意识，对其适应社会和集体生活有极大益处，同时，同伴之间的交流促进了人际交往。在娱乐活动中学会如何更好地团结协作，如何在相互配合中获得胜利，对其克服自私心理、拥有集体意识发挥着不可估量的作用。在麦西来甫这一娱乐活动中，参与者在活动中饰演不同的形象，在其表演中与其他参与者配合进行歌舞表演。同时，麦西来甫没有演员与观众之分，大家都可以参与其中，这是对人人平等的最好教育方式。麦西来甫中最后一个“惩罚”的环节，是由在娱乐活动中担任“裁判员”这一角色的人物对违反麦西来甫规定的人进行“惩罚”的环节，这个环节大多是以讽刺不好的行为为主要内容。受惩罚者要扮成“懒汉”“酒鬼”“小偷”等角色，模仿这些遭人厌恶者的行为动作来表达人们对这些行为的讨厌，用以提醒人们不要做这样的人，不要做这样的事，用这样的娱乐方式传达社会道德。从这里可以看出，麦西来甫不仅是一种娱乐形式，还是进行艺术和道德风尚教育的学校。因此，从维吾尔族民间娱乐活动中可以看到众多娱乐活动不仅发挥了其娱乐的功能，更多是对参与者进行正面引导，为其创造一个接受道德教育、正能量教育的场合，这与当今的生命教育不谋而合。

参考文献

[1]《青少年健康教育读本》编写组 . 青少年健康教育读本 [M]. 西安：陕西科学技术出版社，2012.

[2] 曹虹，熊辉 . 成长无畏：青少年安全手册 [M]. 武汉：武汉大学出版社，2015.

[3] 曾汝弟 . 当代中国青少年教育心理学 [M]. 昆明：云南大学出版社，2016.

[4] 陈丽梅 . 青少年心理健康教育研究 [M]. 武汉：华中师范大学出版社，2009.

[5] 崔淑慧 . 文化视阈下的青少年生命教育研究 [M]. 郑州：郑州大学出版社，2017.

[6] 邓晖，喻晓黎，王钟元，等 . 新时期中小学素质教育的探索与实践 [M]. 长沙：湖南师范大学出版社，2010.

[7] 高中建 . 当代青少年问题与对策研究 [M]. 北京：中央编译出版社，2008.

[8] 关月玲 . 青少年与网瘾 [M]. 咸阳：西北农林科技大学出版社，2012.

[9] 郭一建 . 青少年健康教育与研究 [M]. 杨凌：西北农林科技大学出版社，2018.

[10] 国家卫生计生委家庭司 . 青少年健康发展指南 [M]. 北京：中国人口出版社，2017.

[11] 何仁富，汪丽华 . 生命教育的思与行 [M]. 北京：现代教育出版社，2016.

[12] 胡忠良 . 大学生健康教育 [M]. 沈阳：东北大学出版社，

2006.

[13] 黄荣魁．健康教育读本 [M]. 上海：上海医科大学出版社，1990.

[14] 黄晞建，朱健．高校心理健康教育理论与实践 [M]. 上海：上海交通大学出版社，2015.

[15] 纪洁芳，郑玮宜，郑璿宜，等．生命教育教学 [M]. 北京：中国广播电视出版社，2014.

[16] 兰瑞侠．心理健康教育 [M]. 北京：中国传媒大学出版社，2007.

[17] 李丹．青少年核心价值观教育读本（生命卷）[M]. 北京：北京工业大学出版社，2012.

[18] 李丹．认知发展视野下的生命教育 [M]. 上海：上海教育出版社，2016.

[19] 李凤堂．青少年生命主体性教育研究 [M]. 天津：南开大学出版社，2015.

[20] 李正蕊，刘干才．青少年生命教育的艺术 [M]. 长春：北方妇女儿童出版社，2012.

[21] 厉育纲，袁曦．营建生命的桃花源——我国青少年生命教育理论与实践研究 [M]. 北京：群言出版社，2009.

[22] 刘芳，赵庆鸣．社会工作视野下大学生青春健康教育的理论与实践 [M]. 昆明：云南大学出版社，2019.

[23] 刘刚．青少年心理健康教育读本 [M]. 西安：陕西人民美术出版社，2014.

[24] 刘国秋．大学生心理健康教育 [M]. 济南：山东人民出版社，2013.

[25] 刘济良．青少年价值观教育研究 [M]. 广州：广东教育出版社，2003.

[26] 莫雷．青少年心理健康教育 [M]. 上海：华东师范大学出版社，2003.

[27] 裴久国．青少年健康教育读本 [M]. 北京：中国医药科学

技术出版社,2020.

[28] 齐建国,薛懋青 . 学会健康生活 青少年健康教育指南 [M]. 北京:中央编译出版社,2004.

[29] 邱长鹏,张红蕾,魏玉霞 . 新世纪青少年身体健康教育新概念 [M]. 拉萨:西藏人民出版社,2001.

[30] 申继亮,等 . 当代儿童青少年心理学的进展 [M]. 杭州:浙江教育出版社,1993.

[31] 隋君,李春燕,张凤萍 . 青少年心理健康辅导 [M]. 沈阳:东北大学出版社,2015.

[32] 万国栋 . 生命与安全教育 [M]. 北京:语文出版社,2016.

[33] 王定功 . 青少年生命教育国际观察 [M]. 上海:上海交通大学出版社,2011.

[34] 王光英 . 青少年青春期健康成长教育读本 [M]. 呼和浩特:内蒙古人民出版社,2003.

[35] 王建国,赵树仁,何曙光 . 青少年健康情感教育新概念(上)[M]. 拉萨:西藏人民出版社,2001.

[36] 王建国,赵树仁,何曙光 . 青少年健康性格教育新概念(下)[M]. 拉萨:西藏人民出版社,2001.

[37] 王利军,何雅丽,赵克昌 . 青少年心理健康教育概论 [M]. 太原:山西科学技术出版社,2008.

[38] 王前新,刘君 . 健康教育新概念 [M]. 昆明:云南科学技术出版社,2000.

[39] 王韬,谈军 . 青少年健康教育读本 [M]. 上海:上海科学技术文献出版社,2019.

[40] 王野川 . 中国学校生命与安全教育 [M]. 长春:吉林人民出版社,2019.

[41] 郗杰英 . 新视角:对青少年与青少年思想教育的探索 [M]. 北京:中国档案出版社,2000.

[42] 阎瑞珍,李培芳 . 青少年生理心理健康指南 [M]. 北京:学术期刊出版社,1989.

[43] 杨俊东，孙志毅，熊玉珍．青少年生命健康幸福教育丛书：生命素养（1）[M]. 广州：广州出版社，2015.

[44] 杨俊东，孙志毅，熊玉珍．青少年生命健康幸福教育丛书：生命素养（2）[M]. 广州：广州出版社，2015.

[45] 杨俊东，孙志毅，熊玉珍．青少年生命健康幸福教育丛书：生命素养（3）[M]. 广州：广州出版社，2015.

[46] 杨宇同．青少年生命伦理教育 [M]. 长春：吉林摄影出版社，2014.

[47] 张大均，郭成．青少年心理健康教育 [M]. 重庆：重庆出版社，2006.

[48] 张天清．青少年心理自助成长 100 问 [M]. 南昌：百花洲文艺出版社，2018.

[49] 张一英，李慧德．学校健康教育 [M]. 兰州：甘肃人民出版社，2004.

[50] 章建成，任杰，舒盛芳．青少年体质健康教育干预方案 [M]. 上海：复旦大学出版社，2013.

[51] 郑日昌，刘视湘．中小学心理健康教育 [M]. 武汉：武汉大学出版社，2010.

[52] 郑晓江．生命教育十三讲 [M]. 广州：中山大学出版社，2012.